August Berz

Mit Gott durch das Leben

RICHARZ GESCHENKBIBLIOTHEK
Bücher in großer Schrift

Mit Gott durch das Leben

Gebetstexte und Meditationen zur Advents- und Weihnachtszeit

Herausgegeben
von August Berz

Richarz Geschenkbibliothek
Verlag CW Niemeyer

Die Deutsche Bibliothek – CIP-Einheitsaufnahme

Mit Gott durch das Leben / hrsg. von August Berz. –
Hameln: Niemeyer.
(Richarz Geschenkbibliothek, Bücher in großer Schrift)
Gebetstexte und Meditationen zur Advents- und Weihnachtszeit. –1993
ISBN 3–87585–759–3

Lizenzausgabe mit freundlicher Genehmigung
der Benziger Verlag AG Zürich

Umschlaggestaltung : Christiane Rauert, München,
unter Verwendung eines Gemäldes von Gerard van Honthorst
Foto: Archiv für Kunst und Geschichte, Berlin
Gesamtherstellung: Ueberreuter Buchproduktion, Korneuburg
Printed in Austria
ISBN 3–87585–759–3

Inhalt

Vorwort

Vor Jahren machte eine nichtkirchliche Zeitschrift («Der Spiegel») in einer Glosse «Kiosk statt Kirche» darauf aufmerksam, daß zwar der Kirchenbesuch zurückgehe, das Interesse an Religion aber nach wie vor groß sei, denn religiöse Literatur sei sehr gefragt. Zum Beweis dafür führte die Zeitschrift u. a. die hohe Auflageziffer der geistlichen Textsammlung «Mit Gott ins Heute» an, die ich 1968 herausgegeben habe und die inzwischen in über fünfzigtausend Exemplaren verbreitet ist.

Da nun inzwischen mehr als zwei Jahrzehnte verflossen sind und sich das Lebens- und Glaubensbewußtsein stark gewandelt hat, habe ich aus der neueren religiösen Literatur eine weitere Sammlung geistlicher Texte zusammengestellt, die «Mit Gott ins Heute» ablösen soll. Sie soll aus je einem Band für die Advents- und Weihnachtszeit (Dezember–Februar), für die Fasten- und Osterzeit (März–Juni) und für die Zwischenzeit (Juli–November) bestehen. Für jeden Tag ist ein kurzer Besinnungs- und entsprechender Gebetstext vorgesehen. Die Texte für je eine Woche stehen unter einem wegweisenden Wort der Heiligen Schrift. Das Ganze soll zu einem Sich-Hineindenken und Sich-Hineinüben in die christlichen Grundhaltungen und Lebensvollzüge dienen.

Möge auch diese Textsammlung den Weg in die Hände, mehr noch: in den Geist und das Herz vieler Leserinnen und Leser finden und ihnen behilflich sein, in Glaube, Hoffnung und Liebe Den, Der das große Woher und Wohin, der Ursprung, der Sinn und das Ziel unseres Daseins ist, auch zur Mitte des Lebens zu machen.

August Berz

«Auf, werde Licht, denn es kommt dein Licht!»

Erste Woche im Advent

Sich bereitmachen

Auf meinem Tisch liegt ein schlichter Adventskranz. Ein lieber Mensch hat ihn mir gebunden; eine Kerze brennt schon.

Bei diesem Leuchten habe ich wundersame Gedanken empfunden: Wenn all die Kerzen brennen werden, dann ist Ankunft des großen Lichtes. Werde ich dann bereit sein, innerlich weit und rein genug, dieses Licht aufnehmen zu können? Die erste Kerze fragte mich dies – ich glaube aber, nur ein leises Flackern war in mir. Doch ich will mich bereiten.

Das ist mein Ziel: Ich will in der Adventszeit das Evangelium durchbetrachten, das mich am meisten anspricht, jeden Tag einen Abschnitt. Es ist das von Lukas, denn er ist der Evangelist, der Christus als mitleidigen Erlöser, Künder der Liebe, Freund der Sünder, Tröster der Armen zeigt.

Der sonntägliche Kirchenbesuch, eine vermehrte Pflege des Gebets soll mir innerlich helfen. Ob ich es wohl vermag, dieses kleine Licht in mir anzufachen und innerlich weit zu werden, um sein Leuchten aufzunehmen?

Aus dem Brief eines jungen Mannes

In diesen dunklen Tagen
Bringe Du, Herr Jesus Christ,
Licht in unser Leben.
Stecke du die Kerzen an
Auf unserm Haupte,
Damit sie leuchten für andere
Und Licht bringen denen,
Die im Dunklen stehen.

Josef Griesbeck

Adventsaufgaben

Wir stehen schon wieder in der Adventszeit. Sollten wir uns nicht gerade in dieser Zeit neu nach dem Grund, nach dem Sinn des Glaubens in unserem Alltag fragen?

Vergessen wir nicht oft, daß wir einen Glauben haben, der uns geschenkt ist, der uns Kraft und Halt geben kann, wenn wir uns an ihn halten und ihn pflegen?

Gott ist Mensch geworden in unserer Welt. Er ist klein geworden, weil ihm jeder Mensch wichtig ist. Welchen Platz geben wir Gott in unserem Leben?

Adventszeit, die Zeit vor Weihnachten will eine Chance sein, unsern Glauben zu prüfen und zu vertiefen. Nehmen wir uns doch Zeit – im Gebet, in der Stille und im Gespräch – als eine Vorbereitung auf Weihnachten. In der Tiefe finden wir Kraft und die Gewißheit, daß Jesus Christus heute noch lebt – in uns und in unseren Mitmenschen.

Adventsbrief eines Priesteramtskandidaten

Gott, jetzt im Advent
möchte ich ruhiger werden.
Ich trage vor Dich unsere Sorgen und Ängste,
möchte mich besinnen und mich fragen,
was wichtig ist und was nicht.

Gott, hilf mir jetzt im Advent,
den Weg zu finden zu Dir,
zu lernen «ja» zu sagen zu Deinen Plänen,
Dir zu vertrauen, was auch geschieht.

Aus «Hausgebet im Advent»

Warum immer noch Advent feiern?

Um uns nie daran zu gewöhnen, daß der ferne Gott nahegekommen ist, vernehmen wir die Stimmen der Menschen, die – vor oder nach Christus – aus der Tiefe zu ihrem Herrn rufen. Wir hören uns etwa die «Cantate de Noël» von Arthur Honegger an, mit dem dunklen ersten Satz «De profundis», um wieder neu aufzuhorchen beim Verkündungsruf des Weihnachtsengels. Und wir haben gar nicht sonderlich Mühe, diese Stimme aus der Tiefe zu verstehen und mitzurufen. Diese Solidarität mit den wartenden und harrenden Menschen sind wir auch einander schuldig. Es gab solche Menschen nicht nur in der Zeit des Alten Testaments, sondern es gibt sie mitten unter uns, auch unter uns Christen ...

Nein, der Advent ist nie hinter uns: Mögen wir noch so oft Weihnachten feiern, wir kommen zeit unseres Lebens nie aus dem Advent heraus.

Immer werden wir vom Advent her auf Weihnachten zugehen müssen.

Dietrich Wiederkehr

Wieder beten wir die Gebete der Sehnsucht und des Harrens, die Lieder der Hoffnung und der Verheißung.

O seltsames Beten: Du bist doch schon gekommen und hast dein Zelt unter uns aufgeschlagen, du hast unser Leben geteilt mit seinen kleinen

Freuden, seinem langen Alltag und seinem bitteren Ende. Konntest du uns durch dein Kommen näherkommen als dadurch, daß du so sehr in unsere Gewöhnlichkeiten eingingst, daß wir dich fast nicht mehr aus den anderen Menschen herausfinden?

Und doch beten wir: Komm! Feiern wir bloß Advent, oder ist immer noch Advent? Bist du denn schon wirklich gekommen?

Karl Rahner

Das weihnachtliche Licht

Nur wer die Dunkelheit und Not der Welt spürt, vermag auch wirklich zu ermessen, was das weihnachtliche Licht bedeutet. Von daher kann die christliche Antwort auf die ernste und doch krumme Frage, ob man heute noch Weihnachten feiern kann, eigentlich nur heißen: Gerade heute *müssen* wir Weihnachten feiern – vielleicht mehr als zuvor . . .

Denn die eigentliche Tragik der heutigen Situation liegt nicht darin, daß sich das weihnachtliche Licht nur schwer gegen die Dunkelheit der Welt durchsetzen kann. Sie liegt vielmehr darin, daß das weihnachtliche Licht zunächst mit aller Kraft gegen unsere selbstfabrizierten Schein-Werfer-

Lichter ankämpfen muß, die wir aufgestellt haben, um uns gegen unsere Dunkelheit abzuschirmen und uns sogar noch gegen unsere berechtigten Ängste abzusichern. Das weihnachtliche Licht muß deshalb heute zunächst unsere Scheinlichter löschen und uns mit unserer Dunkelheit konfrontieren. Erst dann kann es wirklich leuchten.

Kurt Koch

Ich will mich öffnen auf Dein Licht hin, o Gott.
Sprich zu mir, wie du am Morgen des ersten Schöpfungstages gesprochen hast:
«Es werde Licht!»
Dann wird die Finsternis weichen,
das Leben in mir sich enfalten
und das Helle Raum gewinnen.
Laß die Strahlen Deines milden Lichtes bis in die dunkelsten Winkel meines Herzen fallen, damit ich, angerührt und entzündet von Deinem Licht, selber zu leuchten beginne,
einfach und ruhig, ohne Lärm und Aufwand.

Paul Weismantel

Vor einer Adventskerze

Die Flamme der Kerze ist ausgerichtet nach oben,
sie strebt aufwärts, sie sucht die Richtung zum
Himmel.
Ein Windstoß läßt sie flackern, sie brennt vielleicht für kurze Zeit einmal kleiner und
schwächer,
aber immer wieder kämpft sie sich durch und richtet sich stets neu empor.

Wie oft verliere ich den Blick, die Ausrichtung,
die Verbindung nach oben;
wie oft belasten mich Fragen und Probleme, drücken Kummer, Sorgen und Angst mich zu Boden, ziehen düstere Gedanken und schwermütige Vorstellungen mich gewaltsam nach unten;
wie leicht lasse ich mich von Stimmungen verwirren und in die Irre, ja manchmal sogar «hinter das Licht» führen;
wie schnell können «Irrlichter» mich täuschen.

Ich will aufschauen zu Dir, o Gott, und wie die Flamme der Kerze mich ausrichten
nach oben.
Wenn ich hin- und hergerissen bin, so laß mich doch bei Dir zur Ruhe kommen.
Wenn ich abgehetzt und zerstreut bin, so nimm Du mich auf in Deinen großen Frieden.
Wenn ich zerrissen und verwundet bin,
so heile Du mich mit Deiner unsichtbaren

Gegenwart. Wenn ich nicht mehr weiß, wie es weitergehen soll, so gib Du mir die Richtung und das Ziel an.

Paul Weismantel

Christlicher Advent

Ich lese im Inserat einer Zürcher Bank: «Gediegene Weihnachtsgeschenke! Goldmünzen: Vreneli, Napoleons, Sovereigns etc. Schon an der ersten Weihnacht schenkten die Weisen Gold!»

Wir sind also wieder einmal soweit! Der Rummel kann losgehen. Die Werbetexter und die Schaufensterdekorateure werden sich darin überbieten, uns unter Gebrauch und Mißbrauch von religiösen Symbolen die Kaufideen in den Kopf hinein und das Geld aus dem Beutel heraus zu schmuggeln.

Lieber Christmensch, wirst Du – einmal mehr – im Oberflächlichen, Äußerlichen, im geschäftlichen Gehetz Dich verlieren, oder wirst Du das Gnadenangebot der Adventszeit zu nutzen wissen – zu christlicher Vertiefung, fürs Wesentliche und Eigentliche? Wirst Du tiefer hineinwachsen ins Wissen um die Verpflichtung zur Geschwisterlichkeit und Liebe in Jesus Christus, unserem Bruder, in jene Gesinnung, die dann an Freunde und Unbekannte aus der Gesinnung christlicher Bruderliebe, nicht aus bloßer Konvention, mit uneigennützigem Herzen zu schenken fähig macht?

Werner Baier

Gib Herr, daß wir nicht gedankenlos in den Tag hineinleben, sondern uns Deines Kommens bewußt sind.

Laß Wachsamkeit und Achtsamkeit unter uns herrschen, damit wir mithelfen, Deine Welt zu gestalten ...

Gib uns gute Gedanken für den Bau der Gemeinschaft, damit wir uns untereinander anerkennen ...

Sei Du bei den Menschen, die in unserer Gemeinde traurig oder fröhlich sind ...

Das bitten wir Dich im Vertrauen auf Deinen Heiligen Geist, den Du uns durch Deinen Sohn, unseren Herrn Jesus Christus, zugesagt hast.

Amen.

P. Spangenberg

Gott hat schon begonnen, seinen Advent zu feiern

Seien wir in dieser Zeit zwischen Herbst und Winter, in diesem Advent mehr und inniger Glaubende als bisher. Solche herbstlich-winterliche Zeit kann uns, wenn der Glaube wenigstens schon wie ein kleines Korn da ist, zu innigerem Er-innern des Glaubens einladen ... Da ist es an der Zeit, die Melancholie zu überwinden, sich selber leise und treu zu sagen, was der Glaube uns sagt, das Wort des Glaubens gläubig zu sprechen: Ich glaube an die Ewigkeit Gottes, die in unsere Zeit, in meine Zeit hineingekommen ist. Unter dem ermüdenden Auf und Ab der Zeit wächst schon heimlich das Leben, das keinen Tod mehr kennt. Es ist schon da, es ist schon in mir, eben dadurch, daß ich glaube ... Höre, mein Herz, Gott hat schon begonnen, seinen Advent in der Welt und in dir zu feiern. Leise und sanft, so leise, daß man es überhören kann, hat er die Welt und ihre Zeit schon an sein Herz genommen, ja sein eigenes unbegreifliches Leben eingesenkt in diese Zeit.

Du bist da.
Du bist der Herr meines Lebens,
du bist meine Kraft und meine Seligkeit:
Du bist die Weihnacht in dem lebendigen
  Advent meines Daseins.

Karl Rahner

«Der Herr ist nahe»

Zweite Woche im Advent

«In eurer Mitte steht der, den ihr nicht kennt» (Joh 1, 29)

Dieses Nicht-Kennen, Nicht-Erkennen und Nicht-Lieben, das ist im Grunde die große, wohl die einzige Tragödie unseres Lebens. Das ist unsere große, unsere eigentliche Not. In unserer Mitte steht er, der Herr, und wir begegnen ihm daher schon gar nicht, weil wir nie in der Mitte sind, nie zum Wesen der Dinge vorstoßen ... Die verpaßte Mitte, das ist der verpaßte Christus und das ist das verpaßte Leben ...

Kehren wir zurück zur Mitte, zum Ursprung, zur Quelle, und das ist Buße, fordert Gebet und Stille. Und dann werden wir ihn finden und dann werden wir nicht mehr in der unfruchtbaren Nacht unserer Selbstsucht, unseres Geizes und unseres Hochmutes sitzen. Dann wird uns Christus aufleuchten und er wird dann die Freude meines Herzens und meines Lebens sein, und dann ist Weihnachten.

Josef Bommer

Herr Jesus Christus, Sohn des lebendigen Gottes ...

Gib, daß sich an uns allen, mitten im Dunkel unserer heutigen Tage, das Wort der Urkirche erfülle:

«Mein Bruder, was nützt es dir, daß Christus einst im Fleische erschien, wenn Er nicht auch in *deine* Seele kommt? Laßt uns beten, daß jener Advent, der einst im Fleische war, täglich sich wiederhole in unseren Herzen, damit auch wir sagen können:

Ich lebe, aber nicht ich, sondern Christus lebt in mir.» (Origenes)

Hugo Rahner

Auf Jesus hinweisen

Es gibt Menschen, auf die man mit dem Zeigefinger hinweisen muß, damit sie nicht unbeachtet bleiben ...

Genau das weiß Johannes der Täufer, wenn er auf Jesus Christus zeigt und dabei seinen Finger sprechen läßt: «Der ist es ...»

Ist diese adventlich sprechende Geste des Johannes aber nicht die Haltung der Christen überhaupt? Der Christ kann ja letztlich nichts Besseres tun, als immer neu auf diesen Jesus als sein Licht und als das Licht der Welt hinzuweisen, ihn in dieser Welt zur Sprache zu bringen, ihn auf dem Markt dieser Welt öffentlich werden zu lassen:

«Dieser ist es!» Dieser ist es, der mich zur Freiheit befreit, der mein Leben sinnvoll werden läßt und der mich deshalb unbedingt angeht! Diese befreiende Erinnerung in der heutigen Welt durch unseren lebendigen Hinweis wachzuhalten – darin besteht die Sendung des Christen im bleibenden Advent auch nach Weihnachten.

Kurt Koch

Freut euch im HERRN zu jeder Zeit!
Noch eimal sage ich: Freut euch!
Eure Güte werde allen Menschen bekannt.
Der HERR ist nahe.

Philipper – Brief 4,4 f

DU bist nahe –
  wo erwarte ich DICH
Unter den Menschen
  vor deiner Tür

DU bist nahe –
  wie erkenne ich DICH
Mein Leid steht in allen Augen
  und schreit

DU bist nahe –
  kann ich DIR den Weg bereiten
Bereue, geh in dich
  kehr um

DU bist nahe –
   wie sag Ichs den Leuten am Weg
Versuche zu leben in MIR
   und mit MIR

DU bist nahe –
   ich eile DICH zu suchen –
   wo wartest DU mir
Zuinnerst in dir

Bruno Stephan Scherer

Gott wird Mensch

Gott wird Mensch
damit wird man sich
auseinandersetzen müssen
damit wird man leben dürfen
damit sieht alles anders aus
Gott wird Mensch
und alle Welt könnte sich freuen
und jedermann könnte aufatmen
und niemand müßte abseits stehen
Gott wird Mensch
in unseren Zeiten
in der heutigen Situation
in einer Welt
die nur eines braucht:

Gott wird Mensch
 und der Mensch wird Mensch

W. Schaube

Wir rufen zu dir aus der Tiefe,
aus allem, was dunkel ist,
in uns und um uns her.
Gott, höre auf uns.

Gib uns Geduld mit unseren Mängeln
und Hoffnung, die allem gegenüber
standhält in dieser Welt.

Denn du hast deinen Sohn
herabsteigen lassen in alle unsere
Dunkelheit,
und er ist ein Licht geworden für uns,
unsere Hoffnung für Zeit und Ewigkeit.

F. Cromphout

Adventliche Sehnsucht

Wahre adventliche Freude kann nur dort aufkommen, wo wir uns aus der Notsituation unseres Lebens und unserer Welt nicht davonstehlen und wo wir die Augen nicht verschließen vor dem großen Quantum an Leiden, Elend, Unterdrückung und Ungerechtigkeit in der ganzen Welt. Wahre adventliche Freude kann vielmehr nur dort ankommen, wo wir – realistischerweise – zugeben, daß wir heute in einer ähnlichen Welt leben wie das Volk Israel damals. Auch heute kann wahre adventliche Freude nur auf den Trümmern unseres Lebens und unserer Welt glaubwürdig besungen werden ... Nur wenn wir unseren Blick nicht von unseren Trümmerhaufen weglenken, sondern sie uns eingestehen, werden wir auch die Kraft erhalten, über unsere Trümmer hinauszublicken auf den kommenden Gott, der uns zu wahrer adventlicher Freude befähigt. Wie die Juden auf den Trümmern Jerusalems ihren Blick auf die von Gott verheißene Zukunft richteten und dadurch sogar zur Freude fähig wurden, so darf sich auch unser Blick voller Hoffnung auf die weihnachtliche Erfüllung richten, die Gott selbst uns bereiten wird.

Kurt Koch

Ich glaube, ich glaube, ich glaube,
ehrlich, unerschütterlich und fromm,
daß der Messias kommt.
An den Messias glaube ich.
Und wenn er auf sich warten läßt,

glaub' ich darum nicht weniger fest.
Selbst wenn er länger auch zögert noch,
an den Messias glaub' ich doch!
ich glaube, ich glaube, ich glaube!

Wenn der Glaube nicht wär
an Gott – gelobt sei er –,
wozu taugt alles
was immer ich jetzt tu'?

Hätte ich kein Hoffen
auf die Erlösung,
würde es nichts geben,
um dafür zu leben.

Bekenntnis eines Juden
aus dem Warschauer Getto

In die Entscheidung gestellt

Jeder Mensch steht am Scheideweg zwischen Gut und Bös, zwischen Heil und Unheil, zwischen Leben und Tod. Gott fordert von jedem Menschen die klare Entscheidung und er fordert damit den ganzen Menschen an ...

In der Verkündigungsszene hat Maria als Typus des neuen Menschen diese Entscheidung ganz klar und eindeutig vollzogen. Ihr Ja ist die Antwort auf das Wort des Engels von der Gnadenvollen. Denn nur aus dieser Gnadenfülle war Maria zu einem solchen Ja überhaupt fähig. Dieses Ja bedeutet höchsten Einsatz, letzte bräutliche Hingabe, volles Sich-Ausliefern. Es ist das Ja, gegeben in der Menschheit Namen, zur Herabkunft des Heiles, in dem sich der große Menschheitsadvent erfüllen soll . . .

Maria hat als Typus des in die Entscheidung gestellten Menschen uns Christen Vorbild zu sein. Wir sind in die Entscheidung gestellt, wir sind von Gott durch Christus und seine Kirche angefordert, und unsere Aufgabe ist es, uns dranzugeben, uns zu engagieren, uns zu verpflichten und aus der Unverbindlichkeit endlich einmal herauszutreten.

Josef Bommer

Herr und Gott, aus der Quelle deines Herzens hat das wahre Licht heilbringend sich ergossen und ist wunderbar in den Schoß der unbefleckten Jungfrau eingegangen.

Wir bitten dich:

Gewähre uns, in Freude bereit zu stehen und zu warten auf die Gegenwart licht-herrlicher Geburt des Herrn. Amen

Altes Adventsgebet der Kirche aus der Zeit um 450

Adventlich leben

Das Kind empfindet das Leben als große Verheißung. Das Leben *ist* die große Verheißung, wenn es auch durch die Enge des Todes hindurch muß, um dort anzukommen, wo der Herr ist.

Der Advent redet uns sanft zu, daß wir nicht resignieren sollen. Bei aller Ernüchterung sollen wir die Kinder bleiben, die das Leben erst noch erwarten . . .

Wir machen uns bereit, die Geburt Jesu zu feiern. Das ist für uns deswegen ein so hohes Fest, weil er nicht bloß aus dem Schoß der Jungfrau zum Licht dieser Welt kam, sondern weil er auch derjenige ist, der aus dem dunklen Schoß des Todes in das Licht Gottes getreten ist. Wir feiern das Kommen Christi, weil uns verheißen ist, daß wir einst bei ihm ankommen. Darum ist es richtig, im Advent Lichter anzuzünden. Der Hand, die das zaghaft tut und dabei zittert, ist der Herr vielleicht besonders nahe.

Franz Egli

Herr, sprich Dein ewiges Wort in mich und laß es mich hören!

Herr, strahle Dein Licht in mich
und laß es mich schauen!

Herr, drücke Dein Bild in mich
und laß es mich bewahren!

Herr, wirke Dein Werk in mir
und laß es mich stets von neuem empfangen!

Kloster Rheinau, 14. Jh.

Die Kerze

... Sieh doch, wie sie steht, wankellos auf ihrem Platz, hoch aufgerichtet, rein und adelig.

Spüre, wie alles an ihr spricht: «Ich bin bereit!» Wie sie steht, wo es gilt, vor Gott.

Nichts an ihr flieht, nichts biegt aus: Alles klare Bereitschaft.

Und verzehrt sich in ihrer Bestimmung, unaufhaltsam zu Licht und Glut.

Du sagst vielleicht: «Was weiß die Kerze davon? Sie hat doch keine Seele!»

So gib du sie ihr!

Laß sie zum Ausdruck der deinen werden. Laß vor ihr alle edle Bereitschaft erwachen: «Herr, hier bin ich!»Laß all deine Bereitschaft zu rechter

Treue erstarken. Dann fühlst du: «Herr, in der Kerze dort steh' ich vor Dir!»

Laufe deiner Bestimmung nicht weg. Harre aus. Frag' nicht immer, warum und wozu. Es ist der tiefste Sinn des Lebens, sich in Wahrheit und Liebe für Gott zu verzehren, wie die Kerze in Licht und Glut.

Romano Guardini

Ich will mich er-leuchten lassen von Dir, o Gott, der Quelle des Lichts;

aus dieser Lichtquelle will ich immer wieder die Kraft schöpfen, um aus meiner Bequemlichkeit heraus- und auf andere zuzugehen.

Auch wenn ich keine «große Leuchte» sein kann,
will ich doch hin und wieder daran denken, daß
es besser ist, auch nur ein kleines Licht
anzuzünden,
als über die «böse» Dunkelheit zu jammern und zu
schimpfen.

Paul Weismantel

«Freuet euch im Herrn!»

Dritte Woche im Advent

Zeugen der Freude

In dieser Weihnachtszeit wird uns in Erinnerung gerufen, zu welchem Leben wir wiedergeboren worden sind: zum ewigen Leben, zum göttlichen Leben, das stärker ist als der Tod kraft der Macht Christi, unseres Bruders, in dem wir geliebt sind und durch den wir zu Zeugen der Liebe werden.

Wir sollen Zeugen der Freude sein. Nicht, weil sie von uns käme, denn unser Herz ist ja vielleicht von Traurigkeit erfüllt. Wir sollen Zeugen der Freude sein, weil Gott sie uns schenkt. Wenn wir in dieser Welt und im jetzigen Zeitpunkt die Freude zu bejahen wagen, so darum, weil wir annehmen, was Gott uns geben will. Nehmen wir es an, im Sohn gerettet zu werden. Haben wir keine Angst vor dem Tod, keine Angst vor der Liebe, keine Angst vor dem Leben. Wagen wir, nach Gottes Sinn zu leben und zu lieben, wir, die der Vater zu seinen Kindern, zu Söhnen und Töchtern Gottes will.

Jean-Marie Lustiger

O Herr,
ich will tun, was Du befiehlst – in Freude.
Ich will tragen, was Du auferlegst – in Freude.
Ich will arbeiten und wirken – in Freude.
Ich will folgen, wohin Du rufst – in Freude.

Erleuchte und stärke mich dazu!
Erhalte mir Deine Freude!

Leopold Bertsche

Botschaft der Freude

Die Freude ist in der Tat das erste und das letzte Wort des Evangeliums. Wenn der Engel bei Maria erscheint, geschieht es, um ihr eine große Freude zu verkünden, welche die Engel, die den Hirten erscheinen, bestätigen, und das letzte Wort des Herrn beim Abendmahl und vor der Himmelfahrt lautet: damit eure Freude voll sei, damit das Leben in euch überströme. Freude und Wahrheit sind dasselbe, und wo am meisten Freude ist, da ist am meisten Wahrheit ...

Wenn der Mensch gelernt hat, Gott im Glauben zu erkennen und Ihm im Gehorsam zu dienen, dann steht er in der Ordnung und erfüllt die Bedingungen dafür, daß Gott zu ihm kommt ... Von seiten Gottes kommt die ewige Erneuerung, das ewig Unerwartete. Unsererseits stagniert nur halb fauliges Wasser; wie sollten wir uns da nicht dorthin wenden, woher ein stets neuer Vorrat an Licht und lebendem Wasser fließt?

Paul Claudel

Hoch preist meine Seele den Herrn, in Gott, meinem Heiland, jubelt mein Geist. Er hat in Gnaden geschaut auf seine niedrige Magd: Siehe, von nun an preisen mich selig alle Geschlechter.

Großes hat der Gewaltige an mir getan, heilig ist sein Name, und sein Erbarmen waltet von Geschlecht zu Geschlecht.»

Loblied Marias (Lk 1, 46-50)

Gottes Freude am Menschen

Es ist ein Merkwürdiges um Gottes Freude am Menschen. Es scheint geradezu, als könnte Gott gar nicht aufhören, an seinem Ebenbild Wohlgefallen zu haben. Um jeden Preis sucht er seine verirrten Geschöpfe zu befreien von ihrer Last und Selbstquälerei, von ihrer Schuld und ihrer großen Angst um sich selbst ...

Das also schafft den Menschen neu: daß Gott sich an ihm freut ... Gott will offenbar nicht leben, ohne auch noch das letzte seiner Geschöpfe zu lieben, daß er dessen Not nicht vom Himmel her tilgt, sondern vorbehaltlos irdisch auf sich nimmt. Und so ist das Unverständlichste an Gott nicht seine Macht und Herrlichkeit, sondern seine freie Annahme der Ohnmacht und Armseligkeit.

Peter Eicher

Du Feuer und Abgrund der Liebe,
brauchst du denn dein Geschöpf?

Es scheint mir so, denn du benimmst dich,
als ob du ohne es nicht mehr leben könntest.

Dabei bist du doch das Leben,
von dem alles Leben hat
und ohne das nichts lebt.

Warum also
bist du deinem Geschöpf so närrisch zugetan?

Katharina von Siena

«Bist du es, der da kommen soll, oder sollen wir einen andern erwarten?» (Mt 11,3)

Johannes ist der angefochtene, der vom Dämon des Zweifels gequälte Mensch, der ruhelos Fragende, und gerade dadurch eine Adventsgestalt von geradezu bedrängender Aktualität.

Und seine bohrende Frage erhält eine Antwort. Christus weicht nicht aus. Christus weicht nie aus, vor dem, der eine echte Frage zu stellen hat! Ja gerade hier, in der Frage, im Anstoß, im Zweifel und in der Anfechtung, im «Aufruhr des Gerechten» geschieht die Christusbegegnung, jene fordernde, verwandelnde, existentielle Christusbegegnung, die der Satte und Beruhigte, der, der alles immer schon weiß und sich nie aus der religiösen Ruhe bringen läßt, nie an sich erleben wird, auch nicht an Weihnachten! Gott will unsere Frage, will unser ruheloses Herz. Darum werden die selig gepriesen, die Hunger und Durst haben, und das Wehe ergeht über die geistige Satten und Reichen!

Josef Bommer

Herr, wenn ich aufwache
und wenn ich mich schlafen lege,
frage ich: Gibt es Dich?

Dazwischen liegt ein langer Tag.
Ich tue vieles
doch alles hängt davon ab,
ob es dich gibt.

Wenn es dich gibt,
denke, rede, handle ich anders.

Ernst Termeer

Brachzeit

Brachzeit! Ruhezeit des Ackers. Erinnerungen an das Sprießen der jungen Pflanzen im Frühling, an das Wachsen und Reifen während des Sommers, an die Ernte im Herbst. Nachspüren der Wunden des Umpflügens. Erwarten des neuen Samens – stille Hoffnung.

Die Brachzeit der Äcker hat viele Gemeinsamkeiten mit der Adventszeit der Christen. Auch wir wenden uns unseren Tiefen zu und werden ihnen zuge-wendet (womit sich vielleicht auch erklärt, weshalb wir in dieser Zeit oft so niedergeschlagen und depressiv sind) und spüren unsere Verletzungen und Schwächen um so mehr. Indem wir uns aber unseren eigenen Tiefen und Abgründen stellen, sind wir um so empfänglicher für die Botschaft des Lebens, des Lichtes Gottes. Je dunkler und abgrundloser die Tiefe ist, um so heller und befreiender ist auch das Licht, das einfällt.

Claudia Baumberger

Ich will warten, ich will bereit sein. Ich will wissen, daß ein Fest bevorsteht. Du bist nicht alt und abgetan.

Du bist für die Zukunft, für die nächste Generation, für das nächste Jahrhundert, für das nächste Jahr, für den morgigen Tag.

Herr, du stellst uns ins Leben.
Nimm uns, wie wir sind.
Bleibe auf dem Weg
und laß auch uns auf dem Weg bleiben, Jesus.

Herbert F. Brokering

Von Empfang zu Empfang

Am Anfang unseres Lebens wurden wir erwartet. Als Geschenk hat unsere Mutter uns in ihre offenen Arme genommen. Seither leben wir eigentlich «von Empfang zu Empfang». Immer erwarten und empfangen uns gute Menschen und empfangen auch wir wieder Menschen. Von solchem Erwartetwerden lebt unser Alltag. Gerade dies ist es, was unser Leben so liebenswert macht und uns die Hoffnung gibt, daß wir einmal für immer erwartet werden ...

Es ist ein großes Glück, adventlichen Menschen begegnen zu dürfen: Menschen, die aus der Überzeugung leben, am Ende ihres Lebens erwartet zu werden. Ja, die ihr Leben als Vorbereitung, als Einladung verstehen auf das kommende Fest hin. Dieses Fest ist ihr geheimer Punkt und schafft Dynamik in all ihrer Arbeit für die anderen. Dieses Fest trägt sie aber auch in bitteren Stunden.

Alban Wirthner

Ich spreche zum Herrn: «Mein Herr bist Du. Nirgends ist Glück für mich, als nur mit Dir!» ...

Du, Herr, bist mein Erbe und reichst mir den Becher;

Du hältst mein Los in Deinen Händen ...

Des freut sich mein Herz, meine Seele frohlockt, und ohne Sorgen ruht auch mein Leib ...

Du zeigst mir den Weg zum Leben, und Fülle der Freuden bei Dir, und Wonne zu Deiner Rechten für alle Zeit.

Psalm 16

Hingabe

Die Kerze brennt und verbrennt, sie wird kürzer und
kürzer
und verzehrt sich bis zum Schluß.
Sie opfert sich ihrer Bestimmung.
Sie gibt sich ganz und gar hin.

Wie oft kreise ich nur um mich selbst! Wie oft brennt mein Einsatz für andere nur auf
«Sparflamme»!
Wie gern halte ich fest.
Wie schwer fällt es mir, loszulassen, sein zu lassen, herzugeben, zu ver-geben.
Wie fremd sind mir immer noch die Grundwahrheiten
des Lebens:
Wer festhält, wird verlieren.
Wer losläßt, wird freier.
Wer geizt, wird ärmer.
Wer hergibt, wird reicher.

Ich will loslassen und mich von Dir erlösen lassen,
o Gott.
Ich will mich dem Strahl Deines milden Lichts anvertrauen,
das mir sagt, daß ich frei werden kann von den Zwängen der Hab- und Ichsucht. Ich will der Spur deines Lichtes folgen, das meine Ab- und Irrwege in Heimwege verwandelt. Ich will mich herausführen lassen aus den kleinkarierten Vorstellungen meines Denkens
in die unermeßlichen Horizonte Deiner göttlichen
Vorsehung.

Paul Weismantel

«Auf, laßt uns nach Betlehem gehen!»

Vierte Woche im Advent

Auf die entscheidende Stunde zugehen

Es ist uns verheißen, daß Gott selber kommt, uns zu erlösen. Nach der Zeit der Trauer, der Kümmernis wird Er die Zeit der Freude heraufführen. Dann wird sich unser Herz freuen, und niemand wird uns diese Freude nehmen können.

Diese Verheißung ragt herein in unser Leben. Sie will sich auswirken in diesem unserem Leben als Hoffnung auf diesen Gott. Sie will hier schon, in diese Vorläufigkeit, einen Schimmer von Freude bringen, will die schwankenden Knie wieder fest machen, will uns ermutigen, Schritte auf den Frieden hin zu tun, will uns Kraft geben, will uns sagen, daß wir uns nicht im Kreise bewegen, sondern auf jene Stunde zugehen, in der Gott unser Geschick wendet, in der Kummer und Seufzer entfliehen, ewige Freude auf den Häuptern ruht, Wonne und Freude sich einstellen.

Philipp Schäfer

Vater!
Dein Geist hat mit des Paulus Stimme gesagt,
daß die ganze Erde und auch wir
als deine Kinder auf die Erlösung harren,
seufzen in den Wehen der Geburt!
Das ist leicht, o Herr,
zu begreifen und zu bejahen.
Aber es gibt Durchgänge, die sind so hart,
es gibt Stunden, die sind voll Angst,

daß das Bild zutrifft –
es sind Wehen!
Etwas wird geboren werden ...
Wer weiß?
– eine Welt, worin es sich atmen läßt,
eine gerechtere, eine menschlichere.

Helder Camara

«Zu uns komme dein Reich!»

Den Gott, den Jesus verkündete, gibt es nicht ohne sein Reich. Ebenso kann es das Weihnachtskind nicht geben ohne sein Weihnachtsgeschenk einer neuen Gesellschaft der Menschen, die endlich menschlich ist und in Frieden und Gerechtigkeit lebt ... Gott also nicht ohne sein Reich, das Weihnachtskind nicht ohne sein Weihnachtsgeschenk des Gottesreiches und deshalb keine adventliche Hoffnung ohne Sehnsucht nach diesem Reich und keine christliche Frömmigkeit ohne auch politische Verantwortung für den gegenwärtigen Vorschein dieses Gottesreiches in Frieden und Gerechtigkeit auf unserer Erde! ...

Sich dieser Herausforderung wieder neu zu stellen, auch dies sollte zu unseren christlichen Weihnachtsvorbereitungen gehören ...

Von daher ergeben sich unbequeme Fragen an

uns Christen heute: Können wir vielleicht deshalb die adventliche Vater-unser-Bitte nicht mehr ehrlich nachvollziehen, weil wir viel zu wenig an der Not unserer Welt leiden?

Kurt Koch

Herr, in Dir erschien die Güte und Menschenfreundlichkeit unseres Gottes und will unter uns wohnen bis zum Ende der Zeiten.

Herr, es ist einfach, Christ zu werden durch das Wasser der Taufe. Aber es ist schwer, den neuen Menschen anzuziehen und sich als Christ im Alltag zu bewähren.

Kehre uns zu Dir, damit die Welt glauben kann, daß mit Deinem Kommen die Gottesherrschaft angebrochen ist und Advent täglich geschieht.

Eva Maria Kremer

Wir sind bejaht und angenommen

Es geht darum, daß wir zu einem Advent und zu einer Geburtstagsfeier kommen, in denen Gott ankommt. Das kann geschehen, wenn wir die Geburt zurückbinden an die Lebensgeschichte

Jesu. Wir müssen den auf uns wirken lassen, der den Gedemütigten und Abgeschobenen den aufrechten Gang gelehrt und eine letzte Würde zurückgegeben hat . . .

Das aber heißt auch, daß wir uns bejaht und angenommen wissen, daß wir selbst – im Blick auf die Geburt Jesu – aufrecht zu gehen lernen. Wenn sich der allmächtige Gott hineinbegibt in die Nöte und Zwänge der Geschichte, um mit uns zu sein – dann muß doch eine Ahnung unserer Größe und Würde in uns aufbrechen. Wenn Gott, wie es im Glaubensbekenntnis heißt, um unseres Heiles und unserer Sünden willen Mensch geworden ist, – dann muß doch das Gefühl der Dankbarkeit, des Angenommen- und Bejahtseins in uns lebendig werden.

Anton Rotzetter

Du kommst, Herr Jesus,
Du bist schon auf dem Weg
auf dem Weg zu uns
zu mir.

Du kommst
Du sagst es immerzu
und läßt es mich spüren.

Angst und Beklemmung bröckeln ab
Zuversicht und Erwartung wachsen scheu
und Freude dämmert auf
umfängt mich jeden Morgen neu
begleitet mich
auf dem Weg zu Dir
und zu den Menschen.

Die Freude kommt mit Dir.

Bruno Stephan Scherer

Weihnachten in der Familie

Mir scheint, der Heilige Abend und das ganze Weihnachtsfest werden so gelingen, wie uns in der Familie im Jahresverlauf Gemeinschaft gelingt. Ich will mich davor hüten, von Weihnachten Dinge zu erwarten, die im Alltag geschehen müßten: miteinander reden, einander ernst zu nehmen, die eigenen Gefühle und die der Kinder annehmen. Wenn all dies wähend des Jahres geschieht, dann wird auch das Weihnachtsfest davon geprägt sein, und das Weihnachtsfest kann umgekehrt ein Anstoß sein, die genannten Werte in der Familie wieder vermehrt anzustreben. Dann hat für mich Weihnachten einen Sinn.

 Ein Vater

Was kann ich tun
für dich
und die mir Anvertrauten
für die Welt?

Bereit sein für Dich
und jeden Dienst
in Frieden und Gerechtigkeit.

Bereit sein für Dich
und das Licht
inmitten dunkler Nöte und Fragen.

Bereit sein für Dich
und die Freude.

Bruno Stephan Scherer

Sich zum Geschenk machen

Das klingt ungewohnt, ist aber gar nicht so abwegig. Denn der Anlaß aller unserer Weihnachtsgeschenke – der Gott, der Mensch wurde – hat uns auch nicht irgend etwas geschenkt, sondern sich selbst.

Sich zum Geschenk machen – so sehr dieser Gedanke mich zu fesseln vermag, frage ich mich, ob es überhaupt jemanden gibt, der mich als Geschenk haben möchte, so wie ich bin!? . . .

Und doch: Ob dies nicht schon ein Stück Geschenk wäre, wenn ich heute damit beginnen wollte, mich selbst offener und nicht so abgekapselt, mich bereiter und nicht so abwartend vorsichtig, mich liebenswürdiger zu machen den anderen gegenüber?

Wahrscheinlich kann nur Gott mich so ändern, daß ich mehr und mehr Geschenk werde für andere.

Aber: mich zum Geschenk machen wollen – das wäre ein Anfang, an dem Er und ich zusammen weiterbauen könnten!

Ernst Wiedemann

ER möge kommen ...
mit der Fülle seiner Gaben,
in seiner Wahrheit,
in seiner Güte,
in seiner Menschenfreundlichkeit.

ER erfülle Dich mit Freude,
schenke Dir, was Du erhoffst,
ersehnst, erbittest.

ER befreie uns von Angst,
Unentschlossenheit, Verhärtung.

ER stärke uns
im Ringen um sinnerfülltes Tun,
im Verstehen und Verzeihen,
im Lieben,
im Erdulden und Leiden,
im Christ-sein.

Chantal Hug

«Laßt uns gehen nach Betlehem!»

Es kann gar keinen besseren Wegweiser und Ratschlag geben, um das wahre Weihnachten zu finden, als das Wort der Hirten in der Heiligen Nacht:

«Auf, laßt uns hinübergehen nach Betlehem!» Denn dieses Wort bedeutet die Einladung an uns, aufzubrechen, selbst ein Hirte zu werden und die Stimme des Engels zu vernehmen, der Gottes Freude heute verkündet. Denn in Betlehem wendet sich Jesus Christus an jeden einzelnen von uns. Und jeden ruft er zu persönlicher Nachfolge auf.

Laßt uns den weihnachtlichen Herrn bitten, daß er uns auf diesem Weg hilft und uns so eine gnadenvolle Weihnacht schenkt. Und vor allem: Laßt uns jetzt Betlehem, Bet-Lechem, d. h. «Haus des Brotes», in uns einverleiben in der Eucharistie. Betlehem ist das «Haus des Brotes», wo jenes Brot für das Leben der Welt geboren wurde, das wir jetzt genießen dürfen: zum Frieden auf Erden und deshalb Gott zur Ehre.

Kurt Koch

Du sagst uns, daß wir Betlehem sind:
Haus des Brotes,
die wir essen vom Mahl
deiner Ankunft auf Erden.
Mensch willst du werden in uns,
ein Kind.

Um das Brot unserer Schmerzen zu essen,
unserer Bitterkeit Kelch bis zur Neige zu trinken,
tauschest du dich, Herrlicher,
Herrscher, Gott,
gegen das Brot und den Wein unserer Armut ein.
Mensch willst du werden in uns, ein Kind,
wenn wir Betlehem sind.

Silja Walter

«Euch ist der Retter geboren; er ist der Messias, der Herr»

Weihnachtswoche (25.–31. Dezember)

Gott liebt uns und rettet uns

«Ehre sei Gott in der Höhe!» Klarheit, die den Blick der Gläubigen erhellt und die Nacht der Welt durchdringt; Wort, das sich im Getöse der Menschen zu Gehör bringt. «Und Friede auf Erden den Menschen seiner Gnade.» Gott liebt uns wirklich.

Ja, Gott liebt uns, Gott will, daß wir leben und dieses Leben respektieren. Gott will, daß wir lieben und daß wir dieses Leben lieben.

Gott will, daß wir seine Söhne und Töchter sind, um in der Heiligkeit zu leben, und daß wir in der Freude darüber leben, daß wir Kinder Gottes sind.

Ja, Gott, den wir nicht sehen, Gott, der von dieser Welt abwesend zu sein scheint, liebt uns und rettet uns. Er rettet uns, indem er uns zusammen mit seinem einzigen Sohn, der von der Jungfrau Maria geboren worden ist, zum Leben der Kinder Gottes gebiert. Dieses Kind, das unser Retter ist, ist das Zeichen unseres Heils.

Jean-Marie Lustiger

Du Sohn des lebendigen Gottes, hier bin ich.
So wie in jedem Jahr gebe ich dir meine Hände.
Ich will sie bereithalten für dich,
für deine frohmachende Botschaft ...

Du Kind in der Krippe,
ich glaube an deine Liebe zu mir
und an die Kraft,
die du mir immer wieder geschenkt hast
und auch heute schenken wirst.

Hans Orths

Die Sympathie Gottes mit dem Menschen

Gott ist «allmächtig genug, auch ohnmächtig sein zu können; selig genug, auch leiden zu können; glorreich genug, sich auch auf den untersten Platz seiner Schöpfung stellen zu können» (Hans Urs von Balthasar). Was wir so oft in unserem Glauben nicht recht zusammenbringen können – Gottes Allmacht und seine Ohnmacht in der Schutzlosigkeit der Krippe und in der Wehrlosigkeit des Todesschreis Jesu –, genau dies wird uns in diesem Kind ermöglicht, weil Gottes scheinbare Ohn-Macht hier gerade die konkrete Wirkweise seiner All-Macht ist, wenn anders sein wahres Wesen nichts als Liebe ist.

So offenbart uns dieses Kind in der Krippe den wahrhaft sympathischen Gott im tiefsten Doppelsinn dieses Wortes; Gott, der in seinem unerforschlichen Herzen mit-zu-lieben und deshalb mit-zu-leiden bereit ist. Mit gutem Recht gehört deshalb dieses frohe und zugleich todernste Grundwort des christlichen Glaubens, das Wort von der Sympathie Gottes mit dem Menschen, gerade in den Weihnachtsfestkreis.

Kurt Koch

Ich will dir zum Schluß noch sagen, wie ich, Jacques Loew, ein gewöhnlicher Mensch, nicht besser als du, Christus gefunden habe. Ich habe mich hingekniet.

Ich habe gebetet: «Herr, wenn das wahr ist, laß mich dich erkennen!»

Sage du das auch . . .

Und eines Tages wirst du sagen, wie ich, gleich wie der Mann aus dem Evangelium: «Ich glaube, Herr, hilf meinem Unglauben.» Eines Tages aber wirst du wie Petrus sagen: «Ja, Herr, ich glaube, daß du bist Christus, der Sohn des lebendigen Gottes.»

Wie der Apostel Thomas, der nicht glauben wollte, wirst du auf den Knien stammeln:

«Mein Herr und mein Gott.»

Jacques Loew

Hineinwachsen in die christliche Lebensform

Die Welt, die Gott will, soll nicht mehr bloße Zukunft sein oder Vertröstung auf den Sankt Nimmerleinstag. Gott soll eingehen in die Lebenswirklichkeit des Menschen, in das Hier und Jetzt.

Jesus soll in unserem Leben aufleuchten. Wir sollen hineinwachsen in die Lebensform, welche Jesus in Gang gebracht hat. Er ist der von Gott gesetzte neue Anfang der Geschichte, der aus Gott Gezeugte (Mt 1, 19), der Mensch, an dem die Welt Maß nehmen soll. In ihm und um ihn herum sammelt sich das neue Israel, ein Volk, in dem der Name Gottes geheiligt und darum der Mensch zu sich gekommen ist, eine Welt, in der Gottes Herrschaft angekommen ist und darum das Böse keine Bedeutung mehr hat, eine Wirklichkeit, in der nur noch der Wille Gottes und darum das Leben der Menschen und die Liebe der Liebenden zählt.

Anton Rotzetter

Herr, zeige dich mir, so wie du dich dem Evangelisten Johannes gezeigt hast, damit ich dich erkenne!

Wenn ich begriffen habe: «Du bist der Herr, der Herr meines Lebens,» wenn ich Dich liebe, wenn Du mein Freund, mein Alles bist, dann kommt alles übrige in Ordnung, kehrt der Friede in mich ein.

Carlo M. Martini

Nur Gnade

Es gibt im Kirchenjahr ein seltsames Fest: den Tag der unschuldigen Kinder, die um des Christkindes willen starben . . .

Auch in den heiligen Kindern wird ein Geheimnis Gottes offenbar. Die Menschen glauben alles Mögliche zu leisten und zu tun; aber im Letzten sind nicht sie es, die tun, sondern Gott. Sie strengen sich an, sie ringen, sie opfern, aber alles Eigentliche daran ist Geschenk, Schöpfung von Gott her, Seine Gabe . . . Aber das vergessen wir und meinen, selbst zu sein, zu können, zu leisten. Und nun stehen da Wesen, deren ganzes Sein spricht: «Nicht aus uns!» . . .

Welch ein Geheimnis in diesem Fest! Wesen ohne auch nur einen Hauch des Ich-Wollens und des Selbst-Suchens. Eben darin aber ganz erfüllt und vollendet, ganz schön. Das ist ihre unsägliche Seligkeit. Nur Gnade.

Romano Guardini

Herr, ich komme zu Dir wie ein Kind;
wie ein Kind, das ich nach Deinem Willen werden soll;

wie das Kind, zu dem der wird, der sich Dir hingibt.

Ich gebe alles auf,
worauf ich meinen Stolz setzte,
und was bei Dir meine Schande ausmachen würde.
Ich lausche und unterwerfe Dir mein Herz.

André Gide

Licht und Finsternis

Das Geheimnis der Menschwerdung und das Geheimnis der Bosheit gehören eng zusammen. Gegen das Licht, das vom Himmel herabgekommen ist, sticht die Nacht der Sünde um so schwärzer und unheimlicher ab ...

«Folge mir» – das vernahm auch der Jüngling Stephanus. Er folgte dem Herrn zum Kampf gegen die Mächte der Finsternis, die Verblendung des hartnäckigen Unglaubens; er legte Zeugnis für ihn ab mit seinem Wort und seinem Blut; er folgte ihm auch in seinem Geist, dem Geist der Liebe, der die Sünde bekämpft, aber den Sünder liebt und noch im Tode für den Mörder bei Gott eintritt ...

Vor dem Kind in der Krippe scheiden sich die Geister. Er spricht sein «Folge mir», und wer nicht für ihn ist, ist wider ihn. Er spricht es auch für uns und stellt uns vor die Entscheidung zwischen Licht und Finsternis.

Edith Stein

Jesus Christus,
Dein Wort auf meiner Zunge
Deine Güte auf meinen Lippen
Deine Verheißung in meinen Gedanken
Deine Zärtlichkeit in meinen Fingern
Deine Liebe in meinem Herzen
Dein Blut in meinen Adern

Deine Kraft in meinen Füßen
Deine Gestalt in meinem Leben
Deine Herrlichkeit in meinem Leib
Dein Leben in meinen Bewegungen.

Anton Rotzetter

Weihnachten als Vorahnung

Weihnachten schenkt uns auch eine Vorahnung des kommenden ewigen Reiches. Einmal brechen die Mauern. Alles wird aus sein: tiefsterfüllende Freuden – nie verstandene Leiden. (Warum finden wir darin nicht mehr Trost: In der Harmonie der Ewigkeiten wird sich alle Spannung entspannen und jede Frage lösen! Auch jene: «Herrgott, warum muß ich das erleiden?») Dann wird der Herr von uns einfordern, was er uns in Seinem ersten Kommen gebracht. Er wird uns vergelten, was wir für sein Reich getan, und die Letzten werden Erste sein (Eigentümlich, daß wir trotzdem hier nie die Letzten sein wollen!) Das Gloria wird nie mehr verstummen, und alle wird erfüllen Friede und Freude. So ist Weihnachten letzten Endes Ruf der Sehnsucht nach dem nie mehr endenden Tag.

Geheimer König, Du kommst, Tod und Trauer von uns zu nehmen, und Klage und Schmerz ...

Du kommst, uns zur ewigen Hochzeit zu führen, wo wir trinken werden aus den Quellen lebendigen Wassers ..., wo unser Glauben zum Schauen wird ...

Und wir werden Dein Antlitz sehen und dürfen Deinen Namen tragen an unserer Stirn ...

Und Du, Herr, wirst unser Licht sein und unser Gott ...

Herr, schon weilst Du in unserer Mitte. Verborgen zwar. Aber schon schauen wir den Lichtsaum des Gewandes Deiner Herrlichkeit ...

Maran Atha! Komm, Herr Jesus!

Thomas Brändle

Ende und Anfang

Die Bibel beginnt mit dem Anfang: «Im Anfang schuf Gott Himmel und Erde» und schließt mit dem Ende: «Sie werden herrschen von Ewigkeit zu Ewigkeit» (Offb 22,5). Und mitten in dieser Bibel steht Er, der allen Anfang und alles Ende bedeutet: Jesus Christus ...

So fürchten wir denn als Christen kein Ende und lieben jeden Anfang. Denn wir wissen jetzt, daß jeder richtige Anfang kein Ende mehr findet. Alles, was wir leiden und tun, wagen und unternehmen, bauen und gestalten, erhält, wenn es in Christus getan ist, seinen Ewigkeitswert. Jetzt erst hat Initiative und Lebenslust, Schaffensfreude und Erobererwille, hat Planen und Säen, hat Aufstieg und Wagnis, hat Unternehmungsgeist und tapferes Zugreifen überhaupt erst Sinn. Denn es ist nicht etwas, das zerbricht und zerbröckelt. Nicht etwas, das restlos dem Tode geweiht ist. Sondern es trägt ewige Geltung in sich. Es ist Anfang in die Endlosigkeit hinein durch Christus, der da ist Alpha und Omega, A und Z, Anfang und Ende.

Richard Gutzwiller

Ein Jahr liegt hinter uns,
abgefahren.
Straßen schnurgerade durch Savannen,
Kurven über steile Hügel,
Schlaglöcher, Pannen, verpaßte Anschlüsse und
Gelegenheiten.

Herr, wegen dieser verpaßten Gelegenheiten
könnte ich verzweifeln,
wenn du nicht vergeben würdest.

Herr,
jeden Tag ist deine Gnade neu,
seit dem Regenbogen,
und deine Güte
seit Jesus Christus.

Gebet junger Christen in Afrika

«Seht, jetzt ist die Zeit der Gnade»

Jahresbeginn (1.–5. Januar)

Geh hinein!

Ich sagte zu dem Engel, der das alte mit dem neuen Jahr verband: «Gib mir ein Licht, damit ich festen Schrittes in die Ungewißheit des neuen Jahres schreiten kann.» Aber er antwortete mir: «Geh hinein in die Ungewißheit und lege deine Hand in Gottes Hand; das ist mehr wert als ein Licht und sicherer, als den Weg zu wissen.»

Leitwort eines chinesischen Christen

Segenswunsch zu Neujahr

Nicht, daß keine Wolke des Leidens über dich komme, nicht, daß dein künftiges Leben ein Weg von Rosen sei, nicht, daß du niemals Schmerz verspüren solltest; nein, das alles wünsche ich dir nicht . . .

Mein Wunsch für dich ist:

Daß du in deinem Herzen immer bewahren mögest die goldene Erinnerung an jeden reichen Tag deines Lebens. Daß du tapfer bereit seiest in der Stunde der Prüfung, wenn das Kreuz auf deine Schultern gelegt wird . . .

Daß jede Gabe, die Gott dir geschenkt hat, wachsen möge mit den Jahren und daß sie dir dazu diene, die Herzen derer, die du liebst, mit Freude zu erfüllen . . . Und daß in jeder Stunde der Freude und des Leides das freudebringende Lächeln des menschgewordenen Gotteskindes mit dir sei und daß du in Gottes Nähe bleibst.

Irischer Neujahrswunsch

Die Christus-Zeit

Diese Zeit, die uns noch geschenkt ist – wie viele neue Jahresringe werden es noch sein? –, ist Christus-Zeit. Nur so, in diesem Sinn, ist auch das neue Jahr ein Jahr des Herrn! Was wird es uns bringen? Wir wissen es nicht. Doch halt! Wir wissen es doch eigentlich sehr genau; wir, die wir die Glaubenden sein sollten: Das neue Jahr bringt uns das, was die Eucharistiefeier uns Sonntag für Sonntag bringt: Christus den Herrn! Das neue Jahr bringt uns in jedem Fall seiner zweiten Ankunft wieder einen Schritt näher, und diese unaufhaltsame Hinbewegung auf Christus zu, auf die Fülle Christi hin, dieser Schritt des Glaubenden durch die Christus-Zeit auf den Auferstandenen zu, das und nur das ist der wahre Fortschritt der Welt.

Josef Bommer

Du bist auf die Erde gekommen,
den Weg uns zu weisen,
Weg uns zu sein.
Eingetaucht in Dich
bleiben wir immer im Licht,
auch wenn dunkle Nacht uns umgibt.
Danke!

Chiara Lubich

Der Augenblick ist mein

Im 17. Jahrhundert, mitten in der unsicheren Zeit des Dreißigjährigen Krieges, schrieb der Dichter Andreas Gryphius die tiefsinnigen und tröstlichen Zeilen:

«Mein sind die Jahre nicht,
die mir die Zeit genommen.
Mein sind die Jahre nicht,
die etwa möchten kommen.
Der Augenblick ist mein,
und nehm ich den in acht,
so ist der mein,
der Jahr und Ewigkeit gemacht.»

Großer Ernst spricht aus diesen Worten, aber auch eine große Zuversicht: daß wir Vergangenheit und Zukunft Gott überlassen dürfen, um uns dem Augenblick zuzuwenden.

So hat es auch ein mittelalterlicher Mystiker gesehen, der sagt: Die wichtigste Zeit ist immer die Gegenwart; der wichtigste Mensch ist immer der, welcher dir gerade gegenübersteht; das wichtigste Werk ist immer die Liebe. So gesehen bekommt der Augenblick Ewigkeitswert.

Beat Lustig

Lehre mich, Herr, meine Zeit zur Deinen zu machen, daß ich die Dinge tue, die ich tun soll, zum Beispiel mich zu meinem Kind setzen, andere trösten, auf die Not und die sonstigen Dinge um mich herum achten. In diesen Dingen, Herr, werde ich die Ruhe finden, so daß ich mitten in all meiner Geschäftigkeit doch noch Zeit habe, um mich mit Dir zu unterhalten. Dir, o Gott, übergebe ich meine Zeit, die ja eigentlich Deine Zeit ist. Amen

Gebet aus Taiwan

Auftrag der Stunden

Wie in den großen Weltzeitaltern bleiben uns auch im kleinen Kreis des Jahres die uns bevorstehenden Stunden verdeckt. Wir kennen nur, was wir selber hineintragen müssen, um sie hell zu machen. Das aber heißt, die Gegenwart so leben, daß sie dereinst von der Zukunft gerechtfertigt wird. Vom Glauben her sind wir aufgerufen, auch die letzte Stunde so zu beginnen, daß sie in die Hände des Herrn ausmünden kann, der an ihrem Ende steht.

Darin bekundet sich der beste Dank für das Hirtengeleit Christi, unter dem wir behütet durch die vielen tausend Stunden des scheidenden Jahres schritten . . .

Dank wollen wir den verflossenen, Hoffnung den kommenden Stunden entgegenbringen, eine Hoffnung, die ihren Grund findet in dem Wort des Hebräerbriefes: «Jesus Christus gestern und heute und derselbe auch in Ewigkeit!» Immer ist es Gottes Sohn, der die Trümmer des Vergangenen zu einem besseren Wiederbeginn sammelt.

Peter Heimann

Du bist bei uns
wie gestern und früher
so heute und morgen
Was immer geschieht
Du weißt es und fügst es
Du läßt es geschehn
Du stehst darin
Du wendest alles zum Guten

Du bist
und bist uns gut –
Das ist uns Hoffnung,
Geborgenheit und Glück.

Bruno Stephan Scherer

Unser Leben ist gesegnet

Die Zusage Gottes, sein Angesicht über uns leuchten zu lassen, gilt ohne Einschränkung auch für dunkle und bittere Tage.

Wenn wir in Schuld geraten, ist uns der Segen der Vergebung angeboten; wenn der Tod seine Opfer in unserer Umgebung findet, ist es ein Segen, die von uns Gegangenen der Obhut Gottes anvertraut zu wissen; bedrängen uns leibliche Krankheiten oder seelische Leiden, bedeutet der Segen Gottes Mut, Geduld und Stärke.

Vielleicht ahnen wir sogar, daß es ein Segen sein kann, wenn die Oberfläche unseres Alltags in schmerzhafter Weise durchstoßen wird, weil wir dann der Frage nicht mehr ausweichen können: Worauf gründet mein Leben, und worauf kann ich mich verlassen, wenn alles auf dem Spiel steht?

Weil Gott uns segnend sein Angesicht zuwendet, werden uns Hoffnung und Vertrauen zuteil.

Klaus Hollmann

Der Herr segne und behüte mich!
Der Herr lasse sein Angesicht über mir leuchten
und sei mir gnädig!
Er wende mir sein Antlitz zu
und schenke mir seinen Frieden!

 Aaronitischer Segen nach Num 6, 24-26

«Wir sahen seinen Stern aufgehen»

Epiphanie (6.–14. Januar)

Epiphanie Gottes im Leben des Christen

Wir Christen feiern jedes Jahr Epiphanie, damit durch unser ganzes Christenleben hindurch Epiphanie Gottes, Erscheinung seines befreienden Lichtes geschehen kann: Dadurch, daß sich Christen hingeben für andere Menschen, daß sie – wie Martin Luther einmal treffend gesagt hat – «dem andern zum Christus werden». Oder, um es schließlich mit Paulus zu sagen: «Ständig werden wir, solange wir leben, um Jesu willen dem Tod ausgeliefert, damit auch das Leben Jesu an unserem sterblichen Leib offenbar werde» (2 Kor 4, 11). So unscheinbar und unauffällig die Erscheinung des Herrn in Betlehem war, so gewöhnlich und unsensationell wird sich auch seine Epiphanie im Leben des Christen ereignen. Und so menschlich und solidarisch der Herr in unserer Welt erschienen ist, so ermutigend und befreiend kann sich auch heute seine Erscheinung durch die Kirche fortsetzen. Seit Weihnachten will sich Gottes Epiphanie durch das Leben der Christen in dieser Welt ereignen.

Kurt Koch

Herr, unser Gott,
gib, daß wir im neuen Jahr tagtäglich deinen Willen erkennen und danach handeln.

Gestärkt durch deine Gegenwart, werden wir dann eine lebendige Erscheinung Gottes sein; und so können wir unseren Brüdern Jesus Christus, deinen Sohn, offenbaren, der durch den Heiligen Geist uns deine Herrlichkeit kundtut von Ewigkeit zu Ewigkeit. Amen

Pierre Griolet

Die Menschwerdung als Epiphanie Gottes

Epiphanie, «Erscheinung» ... Die eigentliche Epiphanie ist die Menschwerdung. Christus redet nicht nur von Gott, sondern ist selbst Gottes Offenbarung. Der Gott, den niemand sehen kann, wird an ihm sichtbar. Wie die Seele an sich geistig und daher unsichtbar ist, aber im Angesicht und in der Gebärde des Menschen geschaut, in seinem Wort gehört, in seinem Verhalten und in der lebendigen Schwingung seiner Persönlichkeit empfunden, im Druck der Hand erfaßt wird – so wird der unsichtbare Gott gesehen, vernommen, mit Händen gefaßt in Christus ...

Auch für uns ist Gott nicht nur das «unendliche, ewige und absolute Wesen»; bloß in christlicher Form, sondern Jener, der kommen will ... Christus ist so und ist dazu gesendet, daß in ihm der Sohn zu uns kommt, und mit ihm der Vater und des Vaters Reich. In Christus soll ich erfahren, daß Gott aus seiner Unzugänglichkeit in mein Dasein tritt; ihn schauen, hören, mit Händen fassen.

Romano Guardini

Allmächtiger und unerschöpflicher Gott, Du hast die Welt geschaffen und alles, was in ihr ist. Du hast die Dinge in die Wahrheit und Kraft ihrer Wesensgestalten gegründet, und jedes trägt seinen Sinn in sich nach seiner Art. Uns Menschen aber hast du die Fähigkeit gegeben, diese Gestalten zu erfassen: Augen, sie zu schauen; Ohren, sie zu vernehmen; ein Herz, das von ihnen berührt wird und Hände, mit ihnen umzugehen.

So bitte ich Dich gib mir ein Auge, das fähig ist, Jesus Christus zu sehen; ein Ohr, das sein Wort versteht; ein Herz, das von seinem Herzen berührt ist, und lehre meine Hand, sich vertrauend in die seine zu legen.

Romano Guardini

«und sie fanden das Kind»

Nehmen wir das Kind-Werden Gottes ernst.
Registrieren wir durch Massenmedien nur das viele Leid,
oder sind wir betroffen vom «Heute» und «Jetzt»,
in dem Christus sich hinter diesem Leid verbirgt?
Wissen wir, daß jeder Dienst am Menschen ein Dienst an Christus ist?

Begegnet uns seit Christus nicht
das Heil dort, wo wir heilen,
die Liebe da, wo wir leben,
die Freiheit dann, wenn wir befreien helfen.
die Freude ständig, wenn wir Freude schenken,
das Leben immer, wenn wir unser Leben geben?

Theo Schmidkonz

Weg von mir,

hin zu dir,

eins mit dir,

neu aus dir.

Richard Thalmann

«Und sie gingen eilends hin»

Entschlossen brachen die Hirten auf. Nichts konnte sie mehr zurückhalten. Wahrscheinlich hatten sie gar nicht alles verstanden, was der Engel ihnen gesagt hatte. Aber sie wollten nicht warten, bis ihnen alles klar geworden war.

Der Glaube ist keine ewige Diskussion. Er kann nicht warten, bis er alles versteht. Der Glaube kann erst wirklich verstehen, wenn er aufbricht zum Sehen und Anbeten ...

Nichts hält die Hirten zurück, auch nicht Besitz, auch nicht irdische Pflicht. Nichts hindert sie, zu Gottes Wunder zu eilen. Vom Licht seiner tröstlichen Nähe getroffen und seine Zusage und stille Weisung im Ohr, lassen sie Gott nicht warten ...

Und viele eilten ihnen nach, auf vielen Wegen dieser Erde. Alle, die bereit und entschlossen waren, Gott nun nicht mehr warten zu lassen, und die das Wort die einzige Kunst gelehrt hatte, die man auf alle Fälle lernen muß: von dem Seinen und von sich absehen zu können und zu Gott nach vorne zu eilen.

Heinrich Schlier

Ach, Kind, und willst du mich empfahn,
gern schlöß' ich mich den Hirten an,
der Schlechteste und Letzte,
dem Opfer und Geschenk gebricht,
denn sieh, du weißt, ich habe nicht,
was irgend dich ergötzte.

Ich lieh mein Herz an alle Welt,
die gab es mir zurück entstellt,
zuscherben und zuschanden.
Wie wär' dir solche Gabe lieb?
Doch wundersam! Du lächelst: Gib!
und stellst mir's heil zuhanden.

Rudolf Alexander Schröder

Folgen wir dem Stern!

Laßt auch uns auf die abenteuerliche Reise des Herzens zu Gott gehen! Laßt uns vergessen, was hinter uns liegt! Es ist noch alles Zukunft. Es sind noch alle Möglichkeiten des Lebens offen, weil wir Gott noch finden, noch mehr finden können. Nichts ist vorbei und dem verloren, der Gott entgegenläuft, dem Gott, der die ewige Jugend ist . . .

Wie soll ich laufen? Das *Herz* muß sich bewegen! Das betende, das verlangende, das schüchterne, aber ehrlich in guten Werken sich übende Herz, das läuft, das wandert Gott entgegen; das

Herz, das glaubt und sich nicht verbittern läßt; das Herz, das die Torheit der Güte für gescheiter hält als die Schlauheit des Egoismus; das Herz, das an die Güte Gottes glaubt; das Herz, das seine Schuld sich von Gott liebend vergeben lassen will ... – ein solches Herz hat die abenteuerliche Reise der königlichen Herzen nach Gott angetreten.

Karl Rahner

Du hast keinen vollendet erschaffen.
Schritt für Schritt werden wir Menschen ...
Wir sind stets am Anfang des Lebens.
Wir fragen und weinen uns durch die Tage des Lebens ...,
bis der Stolz in uns sich in wortlose Anbetung wandelt,
bis unser Grübeln und Denken in ein einziges Kyrie mündet,
bis wir nach so vielen Irrwegen in einem fort stammeln:
Du weißt alles, o Gott,
Du weißt, wie sehr wir Dich suchen,
wie sehr wir Dich brauchen,
um lieben, um leben zu können.

Martin Gutl

«Sie fielen nieder und beteten ihn an» (Mt 2, 11)

«Anbetung» ist heute ein arg unmodern gewordenes Wort. Aber es ist nicht weniger ein arg gefährliches Wort. Denn wer vor diesem Kind niederfällt, dem ist es verwehrt, auch noch vor jemand anderem in unserer Welt niederzufallen und in die Knie zu gehen ...

Nicht der Königsthron in Jerusalem und auch nicht unsere heutigen Throne und Gewalten sollen und dürfen unser Leben, Denken und Handeln bestimmen, sondern allein das Kind in der Krippe ... Völlig daneben ist es, wenn wir Christen vor politischen Autoritäten und vor den sogenannten politischen und ökonomischen Sachzwängen in die Knie gehen. In die Knie gehen können wir Christen allein vor dem Kind in der Krippe ... Damit bekennen wir, daß wir niemandem in der Welt so sehr Gehorsam schuldig sind wie diesem Kind, in dem uns der Weltheiland und Weltkönig des Friedens geboren ist.

Kurt Koch

Ehre sei Gott in der Höhe
und Friede auf Erden den Menschen seiner Gnade.
Wir loben dich, wir preisen dich,
wir beten dich an,
wir rühmen dich und danken dir,
denn groß ist deine Herrlichkeit:
Herr und Gott, König des Himmels,
Gott und Vater, Herrscher über das All,
Herr, eingeborener Sohn, Jesus Christus.

Gloria der Messe

«Sie zogen auf einem anderen Weg in ihr Land zurück» (Mt 2, 12)

Die Frage: «Wo soll ich denn neu beginnen?» muß von uns selber beantwortet werden. In stillen Stunden wird uns sicher, wie den Magiern, aufgehen, wo wir den neuen Weg zu suchen haben. Sei es im persönlichen Verhältnis zu Gott; sei es in der uneigennützigen, grenzensprengenden Liebe zu all den Mitmenschen, die mit uns das neue Jahr durchschreiten; sei es in der opferbereiten Hingabe in Arbeit und Beruf, wo wir den persönlichen «Ruf Gottes» zu der uns anvertrauten Aufgabe wieder einmal mehr und erneut wahrnehmen.

Ausgetretene Pfade verleiten gerne zur Gleichgültigkeit und Bequemlichkeit. Andere, neue Wege wecken in uns den Mut zum Wagnis, zum tapferen Vorwärtsblicken und zum frohen Neubeginn. – Lohnt sich das nicht? . . .

Anton Moser

Herr, nimm die Dunkelheit
von den Stufen,
die ich gehen muß –
Sieh, ich bin bereit,
den Fuß zu heben.
Herr, o laß mich
tiefer und erfüllter leben!

Gib es nicht zu,
daß eine Seele stehen bleibt
auf ihrem Weg zu dir.
Sieh, was sie noch treibt,
ist nur der Sehnsucht
unzerstörbar helles Licht,
zu sehen einst dein Angesicht!

Ilse Rya Fluck

Wenn uns der Stern verblaßt

Wenn uns in unserem Leben auf der Suche nach Gott hie und da Zweifel kommen, wenn uns – wie den Weisen – der Stern des Glaubens verblaßt oder sich verdunkelt, dann sollten wir nicht in den Wolken oder in den Büchern suchen, sondern uns dem geringsten und nächsten Menschen zuwenden, wie es uns Jesus vorgelebt hat. Dabei kann es allerdings passieren, daß wir sein Schicksal teilen müssen: Daß wir von Freunden verraten werden, daß wir uns von Gott verlassen fühlen, daß kein Wunder passiert, wenn jemand am Kreuz seiner unheilbaren Krankheit hängt; auch wir selber werden dem Tod nicht ausweichen können.

Aber auch dann noch dürfen wir auf dieses Wort bauen: «Wenn ihr mich von ganzem Herzen sucht, dann will ich mich finden lassen.»

Kurt Studhalter

Auf dich warten, mein Gott, auch wenn es lange Zeit braucht, bis die Unruhe sich legt in mir.

Auf dich warten, mein Gott, auch wenn meine Sinne dich lange nicht wahrnehmen. Auf dich warten, auch wenn die Fluchtimpulse mich zu überwältigen drohen.

Auf dich warten.

Sabine Naegeli

«Ich bin bei euch alle Tage» (Mt 28, 20)

Die Weisen haben das göttliche Kind leibhaftig vor sich gehabt, und Johannes hat einige Jahre in seiner Nähe gelebt. So konnten sie die Epiphanie erfahren. Aber wir, die von Ihm nur hören – was vermögen wir? . . .

Gewiß, unsere Situation ist anders als die ihre; aber wir dürfen auch nicht vergessen, was der Herr gesagt hat: «Ich bin bei euch alle Tage bis ans Ende der Welt.» Auch «bei uns» ist ER, in der Kirche.

«Kirche» ist das, worin Christus und das Seinige weitergeht durch die Zeit. Die Heilige Schrift ist Kirche; für sich allein genommen, stünde sie im Ortlosen. Die Verkündigung der Botschaft ist Kirche; sie ist deren Laut und Sprache. Kirche ist der heilige Dienst; die Feier der Eucharistie und die Mannigfaltigkeit der Sakramente. Kirche ist Gemeinschaft der Gläubigen; ihr Schicksal in der Geschichte, ihre Freuden und Leiden, ihre Verfolgungen . . . Alles das ist «Kirche», und in ihr wird Jesus Christus geschaut, und in Ihm der Vater.

Romano Guardini

Ich danke Dir, daß wir alle *ein* Leib sind.
Ein Stück von Dir.
Deine sichtbare Gestalt.
Deine Kirche. Dein Werkzeug.
Deine Hand. Dein Mund.
Wir danken Dir, daß wir nicht allein sind.

Jörg Zink

«Der Herr ist in Wahrheit Gott, er ist der lebendige Gott»

Unser Gottesbild (15.–21. Januar)

Habe ich eine richtige Vorstellung von Gott?

Diese Frage ist entscheidend, denn wer keine richtige Vorstellung von Gott hat, hat auch keine richtige Vorstellung von sich selber, geschweige denn vom anderen.

Im Kapitel 15 des Lukasevangeliums lesen wir, daß «die Pharisäer und die Schriftgelehrten sich empörten», weil Jesus sich mit Sündern abgab und sogar mit ihnen zusammen aß (vgl. Lk 15, 1 – 10). Hier zeigt sich die typische Haltung von Leuten, die keine richtige Vorstellung von Gott haben, die Gott für rachsüchtig, empfindlich und reizbar halten. Oft akzeptieren wir uns selbst nicht und schließen daraus, daß Gott uns nicht restlos akzeptiert . . .

Eigentlich sollte jeder sagen können: Gott hat Freude an mir, er hat Freude für mich, ich stelle etwas dar, an dem ihm sehr gelegen ist.

Carlo M. Martini

Sei mir gnädig, o Gott, nach deiner großen Leidenschaft für den Menschen. In deiner Zartheit lösche die falschen Vorstellungen, die ich von dir habe.

Ich bedaure, Vater, daß ich ihnen Raum gegeben habe.

Du allein kannst mir die richtigen geben; denn wie kann ich dich kennen, wenn du dich nicht offenbarst, wenn dein Sohn nicht in mir die Erkenntnis weckt?

Carlo M. Martini

Entrümpelung des Gottesbildes

Man kann grundlegende Fehlvorstellungen aufdecken, wenn man fragt: «Können Sie zu Gott sagen: Du kannst mit mir machen, was Du willst?» Oft kommt die Antwort: «Nein, da hätte ich Angst.» Schon hier wird das Zerrbild deutlich ... Gott kann nur wollen, was seinem Wesen entspricht, und das ist Liebe. Darum müssen wir sagen:

«Was Sie Gott nennen, ist gar nicht Gott. Es ist Ihr vergrößerter Vater, Lehrer, Polizist und ähnliches. Es ist nicht der Vater unseres Herrn Jesus Christus.» Gott macht keine Dummheiten mit uns, wenn wir ihm Freiheit geben. Wir ermöglichen ihm vielmehr, seine Liebe auszuwirken. «Gott ist Licht, und keine Finsternis ist in ihm»; «Gott ist Liebe» (1 Joh 1, 5; 4, 8). Jesus hat uns Gottes suchende Liebe anschaulich gemacht in den Gleichnissen von der verlorenen Drachme und dem verlorenen Schaf. Gott ist der barmherzige Vater ... Das ist authentisches Bild Gottes.

Klemens Tilman

Laß uns erkennen, Herr,
daß du nicht Schiedsrichter bist,
der ganz genau die Treffer zählt.
Laß uns erkennen,
daß du nicht der Gott des Verhängnisses,
sondern der Gott der Liebe bist.
Laß uns erkennen,
daß du mitten unter uns bist
in Jesus Christus, deinem Sohn,
der mit dem Geist uns den Weg weist
zu deiner väterlichen Güte in alle Ewigkeit.

Pierre Griolet

«Gott!»

«Gott» kann ganz offenbar in unserem Leben die verschiedensten Namen bekommen. Denn genau dasjenige ist in meinem Leben mein Gott, auf das ich letztlich vertraue und an das ich mein Herz hänge. Dies kann meine berufliche Karriere sein, wenn ich auf sie alles setze und dabei mein Familienleben kaputt gehen lasse; dies kann meine Leistung sein, wenn ich mein Leben durch sie rechtfertige . . .; oder dies kann meine Ehre sein, wenn ich den Sinn meines Lebens allein von ihr erwarte und dabei zu allen anderen Menschen in ein neidgenährtes Konkurrenzdenken trete. In allen diesen Fällen wird der lebendige Gott aber zum «Satelliten unseres eigenen Ichs» und zur «Verlängerung unserer eigenen Wünsche» (Leonardo Boff) degradiert – und entheiligt. Und dies ist die beschämendste Form des Atheismus, die selbst unter Christen Heimatrecht gefunden hat.

Kurt Koch

Wir sind gewöhnt, von dir zu reden, heiliger Gott,
und deinen Namen in den Mund zu nehmen.
Wir machen uns Gedanken über dich,
als hätten wir dich in der Hand,
und leben dabei ohne dich
in unserer selbstgeschaffenen Welt.

Dich selbst möchte ich finden,
nicht die Machwerke meiner Gedanken,
dich, den ich nicht fasse,
nicht begreife, nicht kenne ...

Jörg Zink

Der Gott Jesu Christi

In Jesus hat uns Gott sein Angesicht zugewandt, in seinen menschlichen Zügen schauen wir Gottes Heil ...

Im Namen Jesu gestalten wir als Christen unser Leben, auf ihn sind wir getauft, von ihm her müssen wir uns immer neu ausweisen. Niemand wird uns das Evangelium abnehmen, wenn er nicht etwas von Jesus in unserem Handeln, in unserem Wollen, in unserer Sehnsucht spürt ...

Ein Gott, der nur über den Wolken schwebte, fern von unserem Alltag, ein Gott, der nur göttlich wäre, wäre nicht der Gott Jesu Christi. Nein, Gott hat in Jesus ein Antlitz angenommen, er ist einer von uns geworden, um das Leben aller Menschen zu heiligen und zu vollenden.

Im Namen Jesu wollen wir im begonnenen Jahr leben, im Namen Jesu einander Heil, Hoffnung, Versöhnung zusprechen. Vielleicht tragen wird dann dazu bei, daß die Erde menschlicher wird.

Waltraud Herbstrith

Sei gepriesen, Herr Jesus Christus,
Sohn des lebendigen Gottes.
Du bist der Erlöser der Welt,
unser Herr und Heiland.
Komm, Herr Jesus, und steh uns bei,
daß wir allzeit mit Dir leben
und in das Reich Deines Vaters gelangen.

Klemens Tilmann

Der Befreier-Gott

Als wir früher die Zehn Gebote lernten, begannen sie: «Ich bin der Herr, dein Gott: Du sollst ...» Und das klang wie eine Formel von letzter Befehlsautorität. Aber diese Einleitung ist eine verfälschende Verkürzung.

Die «Präambel» der Zehn Gebote ist die Frohbotschaft vom Befreier-Gott! Nicht: «Ich bin der Herr, dein Gott: du sollst ...», sondern: «Ich bin Jahwe, dein Gott, der dich aus Ägypten, dem Sklavenhaus, herausgeführt hat.» Ich bin Jahwe, dein Befreier-Gott. Ich bin der Gott, der befreit. Und die Zehn Gebote, die dann folgen, sind gleichsam die Hilfen, die Freiheit zu leben ...

Jahwe, das ist der Name, mit dem sich Gott im brennenden Dornbusch geoffenbart hat; der lebendige Gott der Zuwendung zu den Menschen: Ich bin da bei euch! «Jahwe, *dein* Gott». Wenn er uns sagt: Ich bin *dein* Gott, dann dürfen wir also sagen: Du, mein Gott! *Mein* Gott bist du! Du bist mein Gott, der mich befreit ...

Johannes Bours

Gib mir Deinen Heiligen Geist, daß ich die göttliche Freiheit ahne, in welcher Christus steht, und das Verlangen nach der «herrlichen Freiheit der Kinder Gottes» empfinde, die Er allein zu geben vermag. Ich bin in dieser Welt, und sie drängt und bindet mich; ich bin erfüllt von den Mächten meiner Natur, und sie beunruhigen und täuschen mich – der Geist aber möge mir die Zuversicht geben, daß ich zur ewigen Freiheit in Dir berufen bin.

Romano Guardini

Gott will unser Glück

Wir sind zum Glücklichsein bestimmt. Alles hängt davon ab, ob wir Gott wirklich zutrauen, daß er uns glücklich machen will. Und hier stellt sich im tiefsten die Frage unseres Glaubens. Es ist ein Glaube, der in seiner Ganzheit Gott vertraut ...

Daß Gott unser Glück will, kann man nicht beweisen. Wir können nur immer auf das Grandiose der Verheißung Gottes aufmerksam werden und das Angebot Jesus zu verstehen suchen.

Wenn wir glücklich sein wollen, sollten wir uns verführen lassen, ganz aus uns herauszutreten, das Gesicherte, das Bewährte, das Gewohnte aufzugeben, um uns ganz auf den Menschen, ganz auf diese Welt und ihre Probleme einzulassen. Und wenn wir über bescheidene Versuche auch nicht hinauskommen: es wird sich bestimmt lohnen, einander auf diesem Weg zu helfen.

Hermann-Josef Venetz

Was soll alles Fürchten und Fragen
alles Wünschen und Bangen

DU bist – genügt das nicht

DU bist bei uns
wie gestern und früher
so heute und morgen . . .

DU bist
und bist uns gut –
das ist uns Hoffnung,
Geborgenheit und Glück

Bruno Stephan Scherer

«Gott ist Liebe» (1 Joh 4, 8)

Das ist das Herzwort des Christentums.

Liebe heißt, menschlich gesehen: schwach sein, verwundbar werden. Wir sagen doch zu einem Menschen, den wir sehr lieb haben: Ich habe eine Schwäche für dich!

Gott liebt die Welt so sehr, daß Er die Schwäche besitzt, sich ungeschützt, zerbrechlich, verwundbar und schwach in eine Krippe zu legen. Der große Gott hat sich so klein gemacht, daß Er in eine Krippe hineinpaßt. Das ist Liebe.

Seitdem ist kein Leben zu klein, als daß sich darin Christus nicht ansiedeln könnte; seitdem ist kein menschliches Problem zu kleinkariert, als daß Christi Gegenwart es nicht lösen könnte, und seitdem ist keine Haltung des Menschen zu kleinlich, als daß Christi Erbarmen sie nicht erlösen könnte.

Joachim Meisner

Gott, unser Vater,
was anders erwarten wir von dir
als Liebe?
Was anderes erwartest du von uns
als Liebe?

Schenke uns Jesus Christus,
deinen eigenen Sohn.
Er allein offenbart uns deine Liebe,
er allein kann uns lehren,
unsere Liebe auszudrücken.

Was anders erwarten wir von dir,
was anders erwartest du von uns
als Liebe,
gestern, heute und morgen
und in alle Ewigkeit.

Pierre Griolet

«Gott, du mein Gott, dich suche ich»

Hinwendung zu Gott (22.–31. Januar)

«Gott, du mein Gott, dich suche ich» (Ps 63, 2)

«Ich suche dich.» In alten Textversionen heißt es: «In der Frühe stehe ich auf zu dir.» Das bedeutet: Du bist am frühen Morgen mein erster Wunsch, mein erstes Verlangen. Es hängt mit unserer Psychologie zusammen, daß beim Erwachen das als erstes aufbricht bzw. ins Bewußtsein rückt, was wir in der Tiefe ersehnen oder was wir besonders fürchten.

«Meine Seele dürstet nach dir» (Ps 63, 2). Dieses Verlangen wird mit Durst in der Wüste verglichen. Dort, wo es kein Wasser gibt, verlangt der Menschen am meisten danach.

«Nach dir schmachtet mein Leib» (ebd.). Ohne dich bin ich von jeder Nahrung abgeschnitten, ohne dich verlassen mich die Kräfte ... Mögen auch die täglichen Geschäfte verhindern, daß wir es immer klar und deutlich vor Augen haben, aber es ist und bleibt wahr: In der Tiefe haben wir einen unstillbaren Durst nach Gott, den wir auch zulassen sollten.

Carlo M. Martini

Gott, du mein Gott, dich suche ich,
meine Seele dürstet nach dir.
Nach dir schmachtet mein Leib
wie dürres, lechzendes Land ohne Wasser.
Darum halte ich Ausschau nach dir . . .
Denn deine Huld ist besser als das Leben;
darum preisen dich meine Lippen . . .
Meine Seele hängt an dir,
deine rechte Hand hält mich fest.

Psalm 63

Gottes Suche nach dem Menschen

Martin Buber überliefert uns folgende Geschichte: «Rabbi Baruchs Enkel, der Knabe Jechiel, spielte einst mit anderen Knaben Verstekken. Er verbarg sich gut und wartete, daß ihn sein Gefährte suche. Als er lange gewartet hatte, kam er aus seinem Versteck; aber der andere war nirgends zu sehen. Nun merkte Jechiel, daß jener ihn von Anfang an nicht gesucht hatte. Darüber mußte er weinen, kam weinend in die Stube seines Großvaters gelaufen und beklagte sich über den bösen Spielgenossen. Da floßen Rabbi Baruch die Augen über, und er sagte: ‹So spricht Gott: Ich verberge mich, aber keiner will mich suchen.›»

Trifft diese kleine Geschichte nicht ziemlich genau die religiöse Situation in unserer westlichen Industrie- und Wohlstandsgesellschaft? Man wird doch den Eindruck kaum mehr los, daß immer mehr Menschen ohne Gott durchs Leben gehen und nicht mehr auf den Gedanken kommen, Gott zu suchen. Gott suchen ist aber eigentlich nur die eine Seite der Wahrheit. Die andere heißt: Bevor wir Gott suchen, sucht er schon lange uns und wirbt um uns.

Rudolf Vogel

Wer bist du, Licht, das mich erfüllt
und meines Herzens Dunkelheit erleuchtet?
Du leitest mich gleich einer Mutter Hand,
und ließest du mich los, so wüßte
keinen Schritt ich mehr zu gehen.
Du bist der Raum, der rund mein Sein
umschließt und in sich birgt.

Edith Stein

Das Interesse Gottes für uns

«Das Wort ist Fleisch geworden», das heißt: Hier interessiert sich einer für uns, der nichts davon hat. Gott hat alles, und wenn er Mensch wird, so hat er nichts davon. Er wird Mensch nur für uns ... Sein Interesse für uns treibt ihn hinein in unsere Situation. Er kommt dorthin, wo wir sind, er steigt ein in unser Leben. Das Wort, das bei Gott ist und Gott selbst ist, wird, was wir sind, wird Fleisch. Er interessiert sich mit sich selber, mit seinem Innersten, für uns, so sehr, daß er sich für uns aufs Spiel setzt.

Wenn die Grundbotschaft des Christentums heißt: «Das Wort ist Fleisch geworden und hat unter uns gewohnt», dann ist dieses Interesse Gottes an uns in der Tat die innerste Mitte des Christseins. Dann aber wird das Leben insgesamt anders. Dann ist der Mensch unendlich kostbar geworden, dann gewinnt er – ohne den Krampf einer Selbstüberhebung ins Titanische – göttliche Dimension.

Klaus Hemmerle

Aus Gott ist mein Leben,
in Ihm will ich bleiben:
Hier ist meine Heimat,
der Seele Hut.
Du Guter,
der mir Dich selbst gegeben,
bist Liebe und Licht,
mein einzig Gut.

Johannes Ruysbroeck

Der erste Schritt auf der Suche nach Gott

Die erste Bedingung für den Glauben besteht darin, daß man Gott als etwas Großes ansieht. Um Gott zu suchen, muß man, selbst wenn man ihn noch nicht gefunden hat, vom ersten Augenblick an bereit sein, «alles aufs Spiel zu setzen», sein ganzes Leben in die Wagschale zu werfen . . ..

Es besteht kein Zweifel, daß man Gott nur auf diese Weise suchen kann. Jesus selbst sagt es uns im Evangelium, wenn er vom Kaufmann spricht, der sich aufmacht, eine ganz kostbare Perle zu suchen ...

Gott suchen heißt, ihm, auch wenn wir noch ungläubig sind, in unserem täglichen Gebet sagen: «O Gott, Du bist der Schöpfer.» Und das besagt: «Du bist der, der ist!»

Jacques Loew

Du ewiger Ursprung,
hole mich zu Dir!

Du Schöpfer Geist,
schaffe mich um!

Der Du mich begonnen hast,
vollende mich!

Romano Guardini

Verlangen nach Gott

Das Trachten des Geistes, das Verlangen nach dem lebendigen Gott führt zu Leben und Frieden (Röm 8, 6).

Vielleicht wendest du ein: Wie kann man Verlangen nach Gott haben, ohne ihn selbst noch zu kennen?

Öffne die Schrift. Durch Jesus Christus, den Auferstandenen, läßt sich der lebendige Gott erkennen.

Nähere dich der Eucharistie mit der Einfachheit, wie sie aus dem Herzen eines Kindes kommt. Nach und nach wirst du begreifen.

Um jeden Tag einen Neuanfang zu setzen, vertraue auf den Heiligen Geist. Er wohnt in deinem Herzen (1 Petr 1, 8).

Stütze dich nicht allein auf deinen eigenen Glauben. Stütze dich auf alle, die dir vorausgegangen sind, und auf die, die dich heute begleiten.

Suche Gott im Verzeihen ... Wer anderen das Verzeihen schenkt, das Gott ihm gewährt, erlebt einen Frühling im Herzen.

Frère Roger, Taizé

«Herr, wir suchen dich,
denken dich in weiter Ferne.
Wir meinen, das müßte so sein.
Gott muß doch weit weg sein –
im Himmel!
Vielleicht gefällt uns das sogar,
obwohl wir jammern nach dir!
Wir können uns dann eher entschuldigen,
weil wir dich ja nicht finden können.
Aber wir müssen ehrlich sein!
Denn du hast es uns selbst gesagt,
und wir können es nicht überhören,
wie nahe du uns bist.
Du kannst gar nicht anders sein
als ‹da sein›. – Amen.»

Günter Duffrer

Wie kann ich Gott finden?

Ich glaube keinem Menschen so recht, wenn er sagt: «Ich suche Gott, aber ich finde ihn nicht!»

Versuche zunächst – so würde ich ihm sagen –, jeden Tag alles in Wahrheit zu tun, befreie dich vom Dämon des Stolzes, von Unterdrückung und Egoismus, reiße allen Rassismus aus dir heraus, sieh in jedem Menschen deinen Bruder, und ... du wirst sehen, wirst Ihn sehen!

Wenn du Liebe lebst, Wahrheit tust, Leben achtest, dann lebst du, tust du, achtest du Gott, der schon in dir ist.

Gott kommt nicht in dem Augenblick, in dem du «gut» geworden bist. Er war schon da, war schon gekommen, kommt immer noch.

Jetzt aber kannst du ihn sehen, weil dein Auge rein, dein Herz offen geworden ist, weil du herabgestiegen bist von deinem Thron ...

Carlo Carretto

Herr, ich habe angefangen, dich überall zu suchen ...
Ich suche dich in jedem Ereignis meines Lebens, erahne deine Gegenwart und entdecke ihre Zeichen. Ich muß dich suchen in der Mühe und dein Lächeln verstehen.
Ich muß dich suchen im Kampf und deinen Frieden empfangen.
Ich muß dich suchen in der Anstrengung und deine Hilfe spüren.
Ich muß dich suchen in der Freude und dein Glück darin kosten.
Ich muß dich suchen in der Nacht und dein Licht in ihr finden.
Ich muß dich suchen in den Menschen und glauben, daß die Züge aller, die nach deiner Liebe verlangen und deine Güte erfahren möchten, dein Antlitz widerspiegeln.

Jean Galot

Unruhig ist unser Herz

Unruhig ist unser Herz, bis es ruht in Gott.

Unruhig ist unser Herz, und darum dürfen wir nicht so tun, als ruhten wir schon in Gott.

Unruhig ist unser Herz, und darum dürfen wir uns nicht ausruhen, solange die Welt so ist, wie sie ist.

Unruhig ist unser Herz, und darum müssen wir reden und kämpfen, solange so viel Unrecht geschieht.

Unruhig ist unser Herz, und darum müssen wir unsere Talente nutzen, solange so viel Hilfe gebraucht wird.

Unruhig ist unser Herz, bis es ruht in Gott.

Josef Dirnbeck/Martin Gutl

Steh auf, Herr, in meinem Leben!
Laß nicht zu, daß alles Mögliche in mir wirklich sei, nur Du nicht!
Daß ich den Tag hindurch an tausend Dinge denke, nur nicht an Dich.
Mich morgens und abends mühsam an Dich erinnern müsse, und wieder schnell von Dir weglaufe.
Sei Du in meinem Leben Jener, der wahrhaft wirklich ist, und heilig ist, und Herr!

Romano Guardini

Unstillbare Sehnsucht

Alle Menschen werden mit einem verwundeten Herzen und einem unstillbaren Durst geboren ... Der Mensch denkt immer, mit ein wenig mehr hätte er schon genug, aber immer wünscht er dann doch noch mehr und mehr ... Er sucht immer neue Dinge mit immer gleicher Sucht ... Es ist wie eine Krankheit, die ihn zwingt, immer mehr und mehr zu essen, ohne daß er jemals satt würde.

Platon hat einmal gesagt, der Mensch sei wie ein zerbrochenes Gefäß, das sich nie füllen läßt. Die Sinne mögen sich an Genüssen überessen, die Seele bleibt doch immer unbefriedigt. Die irdischen Freuden bleiben an der Peripherie des Körperlichen und dringen nicht bis zur Seele vor.

Weil Gott auf dem Grund jeder Seele wohnt, ist die Seele unendlich und kann mit nichts gefüllt werden als mit Gott.

Ernesto Cardenal

Herr, laß mich einsehen, daß das Leben ohne dich trostlos ist.
Bestreue mir alle Wege, die von dir wegführen, mit Scherben, damit ich, wenn auch blutenden Fußes, immer wieder zu Dir zurückfinde.
Laß mich an allem, worin du nicht bist, kein Genüge finden.
Laß mein Herz, das auf dich hin geschaffen ist, nicht zur Ruhe kommen, bis es ruht in dir!

August Berz

Zu dir hin ...

Augustinus findet für die Ebenbildlichkeit des Menschen im Beginn seiner «Bekenntnisse» den für immer gültigen Ausdruck, wenn er sagt: «Zu dir hin hast Du uns erschaffen, o Gott». Das ist nicht enthusiastisch oder erbaulich gemeint, sondern genau. Gott hat den Menschen in eine Beziehung zu sich gesetzt, ohne die er weder sein noch verstanden werden kann. Er hat einen Sinn; der aber liegt über ihm, in Gott. Man kann den Menschen nicht so verstehen, daß er als geschlossene Gestalt in sich bestünde und lebte, sondern er existiert in der Form einer Beziehung: von Gott her, auf Gott hin. Diese Beziehung kommt nicht erst als zweites zu seinem Wesen hinzu, so, daß dieses auch abgesehen von ihr sein könnte, sondern in ihr hat das Wesen seinen Grund.

Romano Guardini

Immer mehr
immer weiter
immer höher
will ich
bis ich ruhe in Dir
mein Gott

Nichts stillt
meinen Durst
und nichts meinen Hunger
nur Du
mein Gott

In allem
in jedem
überall
suche ich letztlich
nur Dich
mein Gott

Anton Rotzetter

«Das Leben des Leibes ist die Seele, das Leben der Seele aber Gott» (Augustinus)

Ein von Gott her begnadeter Mensch stellt eine besondere Einheit dar. Der ganze Mensch lebt gleichsam von oben «herab» und wird in allen Strukturen seines Lebens zur Offenbarung Gottes, zum Zeugen des Unsichtbaren.

Leider existiert diese eben beschriebene Lebenseinheit heute nicht mehr. Irgendwo, in irgendeinem Bezug hat der Mensch den lebenspendenden Strom der Gnade unterbrochen. Der Christ sollte in täglich neuem Ringen während seines ganzen Lebens sich wieder gottdurchsichtig machen. Diese Anstrengung heißt schlicht «christliches Leben». Sie ist also nicht etwa eine bloße Frömmigkeitsübung, sondern die Herstellung des von Gott entworfenen Lebenszustandes.

Ladislaus Boros

Gott,
von dir sich abwenden, heißt fallen.
Zur dir sich hinwenden, heißt aufstehen.
In dir bleiben, heißt sicheren Bestand haben.
Gott,
dich verlassen, heißt sterben.
Zu dir heimkehren, heißt zum Leben erwachen.
In dir weilen, heißt leben.

Augustinus

«Gott anzuhangen ist mein Glück»

Hingabe an Gott (1.–9. Februar)

Darstellung des Herrn (Lichtmeß)

Die Mysterien des Christentums sind ein unteilbares Ganzes. Wenn man sich in eines vertieft, wird man zu allen anderen hingeführt. So führt der Weg von Bethlehem unaufhaltsam nach Golgotha, von der Krippe zum Kreuz.

Als die Jungfrau Maria das Kind zum Tempel hintrug, da ward ihr geweissagt, daß ihre Seele ein Schwert durchdringen werde, daß dieses Kind gesetzt sei zum Fall und zur Auferstehung vieler, zum Zeichen, dem man widersprechen würde. Es ist die Ankündigung des Leidens, des Kampfes zwischen Licht und Finsternis, der sich schon an der Krippe zeigte! ...

Auf den Lichtglanz, der von der Krippe ausgeht, fällt der Schatten des Kreuzes. Das Licht erlischt im Dunkel des Karfreitags, aber es steigt strahlender auf als die Gnadensonne am Auferstehungsmorgen.

Mit dem Menschensohn durch Leiden und Tod zur Herrlichkeit der Auferstehung zu gelangen, ist der Weg für jeden von uns, für die ganze Menschheit.

Edith Stein

Herr, laß geschehen, was Du willst,
ich bin bereit!
Auch wenn Du nie mein Sehnen stillst
in dieser Zeit.
Bist ja Herr der Zeit, das Wann ist Dein.
Dein ew'ges Jetzt, einst wird es mein.
Mach alles wahr, wie Du es planst
in Deinem Rat.
Wenn still Du dann zum Opfer mahnst,
hilf auch zur Tat.
Laß übersehn mich ganz mein kleines Ich,
daß ich, mir selber tot, nur leb' für Dich.

Edith Stein

Fest der Hingabe

Der weihnachtliche Festkreis schließt mit dem schönen und alten Fest der Darbringung Jesu im Tempel, oder wie es im Volksmund heißt:

«Lichtmeß». Wir sind froh, daß es noch so ein stilles, von innerer Freude getragenes Fest gibt, das nicht von äußerer Geschäftigkeit oder von Problematisierung erfaßt wurde ...

In der Ostkirche heißt dieses Fest «Begegnung des Herrn mit Simeon». Das ist wohl die zentrale Aussage eines jeden christlichen Festes: es ist eine Begegnung mit Christus ...

Das Fest der «Darbringung Jesu» ist seit altersher verbunden mit Maria. Sie bringt ihr Kind Gott dar, stellt es ihm anheim, denn dazu ist sie ja nach Jerusalem gekommen ... Sie verzichtet jetzt schon auf ihr Kind, um es für seinen besonderen Auftrag freizugeben. Das Fest der Darbringung kann also nur dann richtig gefeiert werden, wenn der Feiernde etwas von dieser Haltung der Darbringung mitvollzieht, wenn er sich selbst Gott darbringt, sich ihm anheimstellt, ihm sein Leben weiht.

Thomas Egloff

Nimm hin, o Herr, meine ganze Freiheit.
Nimm an mein Gedächtnis, meinen Verstand,
meinen ganzen Willen.
Was ich habe und besitze, hast du mir geschenkt.
Ich gebe es dir wieder ganz und gar zurück
und überlasse alles dir,
daß du es lenkst nach deinem Willen.
Nur deine Liebe schenke mir mit deiner Gnade.
Dann bin ich reich genug und suche nichts weiter.

Ignatius von Loyola

Darstellung des Herrn – das dritte Weihnachtsfest

Wie gut ist es, daß es auch dieses dritte Weihnachtsfest gibt! ... Unmißverständlich macht es klar, daß wir Weihnachten nur dann gerecht werden, wenn wir es als Fest der Geburt desjenigen sanftmütigen Gottessohnes feiern, dessen Weg der Sanftmut ihn ans gewaltsame Kreuz führen wird, und daß dieses Weihnachten auch für uns harte Konsequenzen zeigt. Das Fest der Darstellung des Herrn zeigt es dadurch, daß es den greisen Simeon nicht nur auf die Zukunft des sanftmütigen Kindes vorausweisen, sondern ihn auch zu dessen Mutter sprechen läßt: «Dir selbst aber wird ein Schwert durch die Seele dringen» (Lk 2, 35b).

Dieses dritte Weihnachtsfest spielt also mit ganz offenen Karten: Wer in dem sanftmütigen Kind Heil und Rettung findet und zugleich dessen gewahr wird, daß dieses Kind ein Zeichen ist, das auf Widerspruch stoßen wird, der wird auch mit seiner eigenen Zukunft konfrontiert werden: «Auch dir wird ein Schwert durch die Seele dringen!»

Kurt Koch

Ich kann und will nicht mehr anders, und koste es
das Leben des Kreuzes;
und das kostet es ganz sicher mehr, als ich es
aussprechen kann.
Aber ich ahne es, Herr, ich entscheide mich frei
für dich,
dir gehört mein Leben und Sterben.

Karl Leisner (im Konzentrationslager Dachau)

Die Grundentscheidung

Wie findet das Opfer Eingang in unseren Alltag? Durch die «richtige Herzenseinstellung», die man früher die «gute Meinung» nannte. In ihr ist die ganze christliche Askese enthalten. Ein Mensch, der den Vorsatz, Gott allein gefallen zu wollen, zum Inbegriff seiner ganzen Existenz gemacht hat, geht ein in das Opfer Christi und damit in das Reich des Vaters; er hat teil an der Fülle Gottes und läßt auch an ihr teilhaben, was er durch die richtige Herzenseinstellung heiligt ...

Die Grundentscheidung, die man im Gebet und vor allem bei der heiligen Messe immer wieder erneuert, ist wie eine lebendige Flamme, die allen Gewissensentscheidungen Kraft und Gestalt verleiht und sie zu christlichen Entscheidungen werden läßt.

Carlo M. Martini

Mein Herr und mein Gott,
nimm alles von mir,
was mich hindert zu Dir.

Mein Herr und mein Gott,
gib alles mir,
was mich fördert zu Dir.

Mein Herr und mein Gott,
nimm mich mir
und gib mich ganz zu eigen Dir.

Bruder Klaus von der Flüh

Worin besteht Heiligkeit?

Das Heilige liegt in der Gottverbundenheit; darin, daß Gott durchkommt, seine Absicht, seine Pläne, seine Liebe, durch alle Lagen, Schrecken und Süßigkeiten des ganzen Lebens; in der Wachheit, Empfänglichkeit, Offenheit, Führbarkeit, im Kind-sein, wie Jesus sagt. Da kann sich Gott mitteilen ...

Wir müssen unser Menschsein hinnehmen und das Menschenleben leben, wie es uns gegeben ist und auf uns zukommt, mit allen Situationen, Ängsten, Qualen, Freuden, Höhen, Zusammenbrüchen und allem Wiederaufstehen ... Für diese Kinder eine gute Mutter sein ... In diesem Betrieb ein guter, gerechter, auf das Wohl des Ganzen bedachter Industrieller sein ... In allem einzelnen dem «Vater» begegnen, von dem wir uns geliebt wissen.

Wo aber liegt dann die Heiligkeit? Im Leben aus Gott, von Gott her, mit Gott, in Gott. In bedingungsloser Hingabe an ihn im Hier und Jetzt, im Leben aus seinem heiligen Geist.

Klemens Tilmann

Ich weiß um meine schwachen Stellen. Ich gebe sie dir, damit du kommst, sie heilst, sie füllst.

Ich weiß um meine guten Fähigkeiten, aber sie sind noch durchsetzt von Eitelkeit, Selbstbehauptung, Mich-selber-Wollen. Ich gebe sie dir, damit du sie veränderst, umbaust. Sie sollen nicht mehr von meiner Mitte her leben, sondern von dir gelebt, durchseelt, gestaltet werden, zu dir heimgeholt werden ...

Ich weiß um mein Ungenügen. Wachse hinein, damit alles zum Genügen wird. Komm, und werde du der Schwerpunkt, das Lebensprinzip, werde du meine Mitte, daß alles richtig sei und von dir lebe.

Klemens Tilmann

Wahrer Gottesdienst

In seinem Brief an die Römer weist Paulus auf, um was es der christlichen Gemeinde gehen soll. Um den Gottesdienst, in dem wir unser Leben immer wieder darauf hin überprüfen, ob wir es so führen, daß es dem Willen Gottes entspricht.

Was aber ist der Wille Gottes? Jesus hat ihn vorgelebt in der Hingabe für die Menschen. Sein Leben zu investieren, sich dem Nächsten zuzuwenden, etwas für mehr Menschlichkeit, Gerechtigkeit und Frieden einzusetzen, das ist der Auftrag. Dabei ist das Wirken im kleinen von gleicher Bedeutung wie so manche heroische Tat. Das hat Jesus doch selbst in seiner Gerichtsrede gesagt: «Was ihr einem meiner geringsten Brüder getan habt, das habt ihr mir getan.»

Werner Tzscheetzsch

Erbarme dich unser, erbarme dich unseres Strebens, daß wir dir in Liebe und Glauben, Gerechtigkeit und Demut folgen, in Selbstzucht und Treue und Mut, und in Stille dir begegnen.

Gib uns reinen Geist, damit wir dich sehen, demütigen Geist, damit wir dich hören, liebenden Geist, damit wir dir dienen, gläubigen Geist, damit wir dich lieben.

Dag Hammarskjöld

«Dein Wille geschehe!»

Wenn wir um das Gelingen des Willens Gottes beten, müssen wir Jesus schon folgen auf seinem Weg. Und der führt nicht von den Leidenden und Unglücklichen weg, sondern auf sie zu. Der Glaube ist nun einmal nicht eine Sache des Gemüts. Wenn wir ihn ernst nehmen, ist es mit der Gemütlichkeit gerade vorbei. Das Wort Gottes dient bekanntlich nicht nur der Meditation, sondern drängt auf Aktion.

Man hat Gottes Willen häufig mit einem ewigen, unerforschlichen Ratschluß gleichgesetzt, dem der Mensch unterworfen ist. Gott erscheint so als der große Regisseur des Welttheaters, und die Menschen als seine Statisten.

Aber so verhält es sich gerade nicht. Wenn wir die Bitte um Verwirklichung seines Willens aussprechen, so wollen wir damit nicht sagen, daß wir zur Passivität verurteilt seien, sondern bitten Gott um die Kraft, daß es uns gelingt, seinen Willen zu tun.

Josef Imbach

Ewiges Wort, eingeborener Sohn Gottes,
lehre mich die wahre Großmut.
Lehre mich dir dienen, wie du es verdienst:
geben, ohne zu zählen,
kämpfen, ohne meiner Wunden zu achten,
arbeiten, ohne Ruhe zu suchen,
mich einsetzen, ohne einen anderen Lohn zu erwarten als das Bewußtsein, deinen heiligen Willen erfüllt zu haben.

Ignatius von Loyola zugeschrieben

Frohe Hingabe

Hingabe bedeutet, Gott spontan und frohen Herzens zu dienen. Somit geht es um eine sehr wichtige Komponente des geistlichen Lebens.

Wir alle kennen Menschen, die ihre Berufung – jedenfalls was den äußeren Anschein betrifft – mit Verdruß und ohne rechte Freude zu leben scheinen. Der Geist Gottes aber möchte uns zu frohen und großherzigen Menschen machen ... Man kann Gott gehorchen, ohne es mit rechter Hingabe zu tun. Das heißt dann, es fehlt die «Leuchte», das Licht. «O Gott, du bist meine Leuchte» (Ps 18,29). Hingabe heißt, daß Gott mein Leben hell macht.

Oft sind wir der Ansicht, es komme nur darauf an, alles möglichst richtig und gut zu tun. Dies sei schon alles. In Wirklichkeit aber kann man gar nicht gut handeln, wenn es nicht froh und von Herzen geschieht.

Carlo M. Martini

Ich bleibe immer bei dir,
du hältst mich an deiner Rechten.
Was habe ich im Himmel außer dir?
Neben dir erfreut mich nichts auf der Erde.
Auch wenn mein Leib und mein Herz
verschmachten,
Gott ist der Fels meines Herzens und mein Anteil
auf ewig . . .
Gott nahe zu sein ist mein Glück.

Psalm 73, 23-28

«Gern!»

Klar anfassen, was Gott von mir will. Ihm aus freiem Willen ein kräftiges Ja sagen und nun entschlossen zugreifen. Dann werden wir froh. Das also soll ich jetzt. Ja, Herr, gern! Das letzte Wörtlein entscheidet alles. Auf das kommt es an. Nicht widerwillig, nicht, weil es sein muß, nicht lahm und schlaff, sondern gern! Dies Wörtlein muß man aber mit dem Innern sprechen, nicht nur mit den Gedanken oder bloß mit den Lippen. Mit dem Willen muß man es sprechen. Und zwar immer tiefer hinein, bis alles ganz klar vor Gott steht: «Herr, ich will.» Dann wirst du froh.

So war unser Herr gesinnt. Jesu ganze Seele war lautere, freudige Bereitschaft: «Den Willen meines Vaters tue ich allezeit.»

Und dann angefaßt: Arbeit, Aufgaben, ein Gang, ein Spiel, ein Verzicht, was es auch sei. Glaube nur, wenn du aus einem solchen «gern» herkommst, dann hast du frohe Kraft, die wird mit allem fertig unbedingt. Gott ist ja drin.

Romano Guardini

Du starker Gott –
was Du willst, das will auch ich.
Herr, ich will, wie Du willst.

Was will Gott jetzt?
Gern, Herr!
Mit Dir,
für Dich.

Romano Guardini

«Herr, lehre uns beten!»

Einübung ins Gebet (10.–20. Februar)

Die inwendige Stimme

Christus, der Auferstandene, ist dir nahe. Eine Art inwendige Stimme läßt sich in dir vernehmen, und diese Stimme ist Gebet. Mag auch dein Mund verschlossen bleiben, dein Herz lauscht still, weit geöffnet vor Gott.

Wenn du mit Worten betest, sind diese manchmal arm und unbeholfen. Du sagst ihm deine Freuden, deine Enttäuschungen, alles. Beim einsamen Gebet zählt die Sprache wenig, sie verstört niemand, schmerzt keinem in den Ohren. Und Christus wendet sich auch durch Ereignisse an dich. Er bringt dich auf Fragen, schenkt eine Eingebung; sie steigen in dir auf und beschäftigen dich. Behälst du auch nur ein einziges Wort: dieses Wort kann dir einen Weg auftun. Und in dir das Gebet.

Retter allen Lebens, die Tage vergingen und ich antwortete dir nicht. Ich fragte mich sogar: Brauche ich Gott eigentlich? Mauern aus Zögern und Zweifel hatten sich aufgerichtet und mich weit von dir abgedrängt.

Christus Jesus, geheimnisvolle Gegenwart, du hast auf mich gewartet. In der Tiefe meiner Widersprüche, ja der Auflehnung in mir habe ich zu jener Klarheit des Evangeliums zurückgefunden: Deine Liebe ist kein leeres Wort, sie ist beständige Gegenwart, dein Vertrauen, dein Verzeihen. –

Ich habe begriffen: Du, Auferstandener, lebst durch den Heiligen Geist in mir und hast mich nie verlassen. Du hast mich geliebt, bevor ich dich liebte …

Frerè Roger, Taizé

Sport und Gebet

Jemand sagte zu mir, ich könnte mich daranmachen, Sport zu treiben. Und ein anderer sagte zu mir, Beten sei etwas Wunderbares und könne mir zum inneren Wachstum verhelfen.

Zu Beginn war das Sporttreiben hart. Es entsprach nicht immer meinen Erwartungen. Ich meinte, der Sport bringe mir nichts, außer etwas Muskelkater. Auch als ich mit Beten begann, war dies hart und mühsam. Es machte mir Mühe, mich zu sammeln, zu konzentrieren, meine Gedanken in Gott zu sammeln. Es kam mir als eine verlorene Zeit vor; er schien mir nichts zu bringen.

Nach einiger Zeit des Trainings beginnt der Körper zu reagieren; man hat weniger Mühe; es gelingt einem besser, sich in Bewegung zu setzen, über die Ermüdung hinwegzukommen ... So ist es auch beim Gebet. Nach einiger Zeit macht es dir keine Mühe mehr, dazustehen oder sitzend nach dir selbst zu suchen, nach dem Gespräch mit Gott. Dann fühlst du, daß jemand in dir spricht. Es gelingt dir, länger auszuharren ...

Eine junge Frau

Mein Gott, Du brauchst nicht unser Gebet. Aber wir brauchen es: In uns wird etwas anders, wenn wir wirklich zu beten versuchen. Wir können dann mehr sehen und mehr hören. Wir besinnen uns auf das, was Du von uns willst. So leben wir nicht in den Tag hinein. Wir starren nicht nur auf unser eigenes Ich. Wir bekommen einen neuen, einen weiteren Horizont. Amen.

Beten durch die Schallmauer

Wenn du betest ...

Auf der Suche nach Gott wache und bete (Mt 26, 37–41)! Willst du auf das Gebet verzichten, nur weil du glaubst, nicht beten zu können? Halte dich ohne Worte vor ihm. Wenn du kannst, sprich zu Christus Jesus in aller Einfachheit, aller Demut. Ein einziges Wort genügt, vor allem, wenn es zutiefst aus dir selber kommt.

Wenn du betest, hörst du manchmal dich selber sagen: Meine Gedanken irren ab, mein Herz ist zerstreut. Das Evangelium antwortet dir: «Gott ist größer als dein Herz» (1 Joh 3, 20). Gib dich mit deinem Leib und deinem Geist in jedem Augenblick ganz hin. Vertrau Christus alles an, was auf dir lastet. Wage es, ihm zu sagen: «Gib mir, daß ich mich hingeben kann.» Besinge ihn zusammen mit anderen, bis du das Verlangen nach Gott entdeckst ...

Frère Roger, Taizé

Jesus Christus, einst sind Deine Jünger zu Dir gekommen und haben verlangt: «Herr, lehre uns beten.» Du hast ihnen willfahrt und sie das Gebet gelernt, dessen heiligen Worte seitdem nie mehr auf den Lippen der Menschen verstummt sind und weiterhin aufsteigen werden bis an das Ende der Welt.

Lehre mich einsehen, daß ohne Gebet mein Inneres verkümmert, und mein Leben ohne Halt und Kraft verliert. Nimm das Gerede von Erlebnis und Bedürfnis weg, hinter welchem sich Trägheit und Auflehnung verbirgt. Gib mir Ernst und festen Entschluß und hilf mir, durch Überwindung zu lernen, was zum Heil nottut. Führe mich aber auch in Deine heilige Gegenwart. Lehre mich zu Dir zu sprechen im Ernst der Wahrheit und der Innigkeit der Liebe.

Romano Guardini

Beten als Hinhören

Höre auf dein Herz! Jesus spricht zu dir in deinem Herzen. Beten heißt vor allem, der Stimme Jesu zu lauschen, der in der Tiefe deines Herzens wohnt. Seine Stimme ist zurückhaltend, beinahe flüsternd; es ist die Stimme der sanftmütigen Liebe. Egal, was du im Leben tust, versäume es nie, auf die Stimme des Herrn in deinem Herzen zu achten.

Dieses Hinhören muß ein aktives, ganz aufmerksames Lauschen sein, denn in unserer ruhelosen und lauten Gesellschaft wird die liebevolle Stimme Gottes so leicht übertönt. Du mußt dir für dieses aktive Hinhören auf Gott jeden Tag eine bestimmte Zeit freihalten, und seien es auch nur zehn Minuten. Jeden Tag zehn Minuten nur für Jesus, das kann dein Leben von Grund auf verändern.

Henri J. M. Nouwen

Wenn mir die Worte
nicht mehr gehorchen
Herr

wenn die Gedanken
zerfasern
auseinanderstieben
zu tausend Nichtigkeiten
hin

wenn mein Herz
stumpf und ermüdet
verharrt

trete ich arm und leer
vor dich hin
Nimm mich an, Herr
als Gebet

Christa Peikert-Flaspöhler

Ein liebendes Du

Wir können nicht beten, wenn wir nicht die Nähe Gottes suchen. Wenn wir nicht mit ihm vertraut sind. Wenn wir nicht uns ihm anvertrauen ...

Wichtig ist, daß ich einen Gott glaube, mit dem ich reden kann, der nicht eine anonyme Gottheit ist und den ich auch nicht mit mir selber verwechsle. Nein, Gott ist ein großes, lebendiges, liebendes Du, an das ich mich wenden darf, dem ich mich vertrauensvoll übergeben kann. Vor Gott darf ich sprechen, vor ihm meinen unbeholfenen Mund auftun, mit meinen eigenen Worten ihm danken und ihn loben und bitten. Mein Leben will ich mit ihm besprechen, meine Lebensentscheidungen nicht ausgerechnet ohne ihn treffen, sondern mit ihm. So gut ich es kann. Auf meine Rhetorik gibt er nichts.

Fabian Pabst

Gott,
sei für mich
nicht *ein* Gott, sondern *mein* Gott,
nicht bloß mir gegenüber,
sondern zutiefst *in* mir
nicht ein bloßer Gedanke,
sondern eine Person –
mein Du.

August Berz

Ausdruck der Freundschaft

Eigne dir die Gewohnheit an, mit Gott zu sprechen, der ganz für dich da ist, ganz Liebe. Sprich vertraulich und mit grenzenlosem Vertrauen, wie zu deinem besten Freund, der ganz von Liebe erfüllt ist.
Sprich oft mit Gott –
von deinem Leben,
von deinen Plänen,
von deinen Sorgen,
von deinen Freuden
und deinen Befürchtungen –
von allem, was dich bewegt;
vor allem aber sprich vertraulich und freimütig mit Gott; denn er spricht nicht gerne mit jemandem, der sich ihm nicht anvertrauen will. Sprich deine Gedanken voll Vertrauen aus. Bedenke, daß Gott nicht wartet, bis du kommst. Er kommt dir immer zuvor. Sein Antlitz ist dir stets zugewandt.

Alfons von Liguori

Herr,
du liebst mich mehr, als ich mich selbst zu
lieben weiß.
Vater, gib deinem Kind, wovon es selbst
nicht weiß, wie es dich darum bitten soll.
Ich wage nicht, zu bitten.
Ich bringe einfach mein Herz dir dar und öffne es
für dich.
Sieh an meine Not, die ich selbst nicht kenne;
sieh her und sorge für mich in deiner Güte.

François Fénelon

Wendung nach innen

Augustinus erfaßte einen wesentlichen Aspekt des Gebetes in der existentiellen Forderung: «Redeamus ad cor et inveniamus eum» – kehren wir zurück zum Herzen und finden wir ihn (Gott). Im Gebet soll eine Wendung nach innen geschehen, zu jenem zentralen Bereich der Existenz, den Augustinus «Herz» nennt. Diese Zentrale der konkreten Existenz ist der Inbegriff des Menschen. Aus diesem Mittelpunkt steigen die wesenhaften, das Schicksal selbst entscheidenden Gedanken empor ...

So überwindet das Gebet als «Einkehr in das eigene Selbst» die Isolierung und schafft eine

Offenheit für das Du und die Gemeinschaft. Gebet ist also ein zentrales Ereignis der Selbstwerdung, ein Geschehen, das den Menschen mitten ins Herz trifft. Die Mitte des menschlichen Herzens ist aber Gott, der für uns greifbar wurde in Christus. Demnach bedeutet christliches Beten: Rückkehr zum wesentlichen Zentrum des eigenen Selbst, darin Öffnung zum menschlichen Du und die Versenkung in das absolute Sein Gottes in Begegnung mit Christus.

Ladislaus Boros

«Herr Jesus Christus, erbarme dich meiner!»

Ständig wiederholtes Jesusgebet
von Christen der Ostkirche

Schlichtes Beten

Vermeidet in eurem Gebet viele Worte. Ein einziges Wort genügte, um dem Zöllner und dem verlorenen Sohn die göttliche Verzeihung zu schenken. Stellt keine langen Überlegungen in eurem Gebet an. Wie oft rührt den Vater das einfache und immer wiederholte Stammeln des unmündigen Kindes. Laßt euch deshalb nicht auf lange Gedankengänge ein, damit ihr euren Geist nicht mit dem Suchen nach Worten zerstreut. Ein Wort des Zöllners hat die Barmherzigkeit Gottes getroffen. Ein Wort voll des Glaubens hat den Schächer am Kreuz gerettet. Gedankenfülle im Gebet erzeugt Bildfülle und läßt den Geist zerfließen, während oft ein immer wiederholtes Wort den Geist sammelt.

Johannes Klimakus

Wir bitten dich, Herr, gib uns die Gnade des Gebets. Wir bitten dich darum, weil wir sie nötig haben ... Herr, mach, daß wir gern beten, auch wenn unser Gebet noch so gering, armselig, schlicht und schmucklos ist und nicht große Worte macht. Laß unser Gebet wahr sein, Herr. Es bringe zum Ausdruck, wer wir sind: arme Sünder vor dir, und auch das, was wir Kraft deiner Gnade sind. Laß uns dich loben, Herr!

Carlo M. Martini

Vorgeformte Gebete

Wenn wir keine eigenen Gebetsworte persönlich zu formen vermögen, können wir uns vorgeformter Gebete bedienen. Wir können nach Gebetsworten der Heiligen Schrift, der Liturgie und heiliger Menschen greifen. Diese Gebete bilden gleichsam einen heiligen Raum, in den wir jederzeit eintreten können und der uns zum Beten stimmt, in das Beten anderer hineinnimmt. Sie bilden gleichsam Sprechbahnen, die uns auf Gott hinführen, uns mitnehmen zu ihm. Denken wir an Gebete wie z. B. das Gebet des Herrn, das Magnifikat, das Te Deum, die eine eigene Kraft enthalten, welche auf den Betenden überströmt.

Solche Gebete bilden nicht nur einen Ersatz für persönliches Beten, sondern eine Schule, eine Hilfe, eine Anregung zum persönlichen Beten und eine Korrektur, Bereicherung und Ausweitung unseres Betens. Sie machen unser Beten weit und reich. «Ein gutes Gebet kann für den inneren Menschen das sein, was Brot für den Hungernden oder Arznei für den Kranken oder eine Blume für den im grauen Alltag Vertrocknenden ist» (Romano Guardini).

August Berz

Ehre sei Gott in der Höhe
und Friede auf Erden den Menschen seiner Gnade.

Wir loben dich,
wir preisen dich,
wir beten dich an,
wir rühmen dich und danken dir,
denn groß ist deine Herrlichkeit,
Herr und Gott, König des Himmels,
Gott und Vater, Herrscher über das All.

Erster Teil des Gloria der Eucharistiefeier

Entscheidende Gebete

«Herr, mach mit mir, was du willst.»

«Herr, sage mir, was du willst, ich tue es.»
«Du hast in allem recht.»
«Du darfst alles von mir wissen.»
«Du liebst mich als den, der ich bin.»
«Meine Gebete sind deine Umarmungen.»
«Laß mich werden, wie du mich gedacht hast.»
«Ich glaube an deine Liebe . . .»

Bei solchen Gebetsworten ahnen wir das Auftauchen einer neuen Ordnung, eines tieferen Daseinsvollzuges. Sie kommen aus der Tiefe und führen in sie. Wir sollen auf der Suche sein nach solchen Worten, die Reife aussprechen, die uns wachsen lassen, läutern, vorwärts bringen. Sie rütteln auf und formen um.

Klemens Tilmann

Gott, mein Gott,
Du bist für mich da,
ich bin für Dich da.
Laß mich leben
aus Deiner Liebe zu mir
und aus meiner Liebe zu Dir.

August Berz

Durchhalten

Oft ist das Herz schlaff und leer, ohne Gespür für Gottes Nähe. Hat es dann noch einen Sinn zu beten?

Ja, gerade dann kann sich die Echtheit unseres Betens erweisen. Wenn wir nur in solchen Momenten beten würden, wo wir zum Gebet gestimmt sind, so wäre für uns Gott nicht mehr als ein Radioapparat, den wir nur dann einstellen, wenn wir Lust und Zeit dazu haben. Wir würden dann im Gebet eigentlich nicht Gott, sondern uns selbst suchen, uns nicht um ihn, sondern um unser Ich drehen. Gerade in solchen Stunden – es können auch ganze Tage, ja Wochen und Monate sein –, wo wir nicht in Gebetsstimmung sind, können wir am echtesten beten, nämlich um Gottes selbst willen, so wie ja auch echte Liebe sich nicht nur im Überschwang von Verliebtheit, sondern auch und gerade im Durchhalten in Zeiten innerer Trockenheit zeigt.

Darum gilt es, im Gebet durchzuhalten, selbst wenn man Gott nichts anderes zu sagen vermag als etwa «Herr, ich glaube, hilf meinem Unglauben» (Mk 9, 23) oder «Herr, du weißt alles, du weißt auch, daß ich dich liebe» (Joh 21, 17).

August Berz

Ich kann nicht beten, Herr.
Ich suche nach Worten, aber ich finde keine.
Nur hohle Phrasen kommen mir in den Sinn.
Herr, du bist in unendlicher Ferne.
Ich habe dich verloren.
Wo bist du? Wo soll ich dich suchen?
Warum zwingst du mich, Herr,
diese Wüste zu durchqueren?
Spröde sind meine Lippen, und meine Knie
wanken.
Wie soll ich da durch diese Wüste kommen?
Mein trockener Mund schreit nach dir,
der du Worte des ewigen Lebens hast,
und wie herrliches kühles Wasser
wäre dein Wort für die Wüste in mir.
Herr, höre mein Flehen.

Adolf Exeler

«Gott hat euch zum Frieden berufen»

Frieden haben – Frieden schaffen (21.–28. Februar)

«Der Friede Gottes» (Phil 4, 7)

Was der ist, kann man nicht sagen; man muß es erfahren. Aber Gott schenkt die Erfahrung dem, der nach ihr verlangt. Wenn Er das Innerste des Menschen berührt, dann erfährt dieser den Frieden. Jede Seiner Berührungen gibt ihn, auch wenn sie noch so leise ist. Gott ist der «Ein-und-Alles»; so hat alles, wer Ihn hat.

Wir wollen ihn bitten, daß Er es uns gewähre. Zugleich aber uns mühen um den Frieden untereinander. Es besteht eine tiefe Entsprechung zwischen der Weise, wie der Mensch sich gegen den anderen Menschen, und wie er sich gegen sich selbst verhält ... Trotz aller Unterschiede und Gegensätze bin ich mit dem Andern, dem Bruder, dem Geschwister solidarisch. So wenig ist er der Fremde, gar Feind, daß das, was ich ihm tue, sich an mir selbst vollzieht. Darin, daß ich mit dem Andern Feindschaft oder Frieden übe, schaffe ich Feindschaft oder Frieden mit mir selbst.

Romano Guardini

Um Deinen Frieden, Herr, den Du verheißen hast, den inneren Frieden, den die Welt nicht geben kann, bitten wir:

Daß wir, in Deiner Wahrheit und Liebe Halt und Heimat finden und fähig werden, einander in Liebe und Wahrheit Heimat zu bieten, zu sein.

 Bruno Stephan Scherer

«Fried ist allweg in Gott» (Bruder Klaus von der Flüh)

«Fried ist allweg in Gott», das heißt, der Friede des Menschen und der Welt ist zuerst und zuletzt immer und nur zu suchen und zu finden in Gott. In Gott gelangt all unsere Sehnsucht nach Frieden an ihr Ziel.

In Gott liegt aber auch die Quelle und die Kraft für unseren eigenen Einsatz für den Frieden – für den Frieden zunächst in uns selber, für den Frieden in unseren Familien und Gemeinden und für den Frieden in Gesellschaft, Kirche und Welt. Frieden zu schaffen in unserer so friedlosen Welt vermag nur, wer selber seinen Frieden sucht und ihn sich schenken läßt von Gott. Nur der Weg zum inneren Frieden kann auch zum Weg werden, auf dem äußere Taten des Friedens möglich werden.

Denn zweitens: «Gott selbst ist der Fried.» Bruder Klaus wagt es sogar, das Wesen Gottes selbst als «Frieden» zu bestimmen. So sehr hängen für ihn der Friede Gottes und der Friede der Welt zusammen.

Kurt Koch

Jesus Christus, Du hast alle Menschen in ihrer Eigenart angenommen.

Laß uns begreifen, daß Verständigung unter den Menschen möglich ist. Wir wollen uns nicht einschließen in Eigensucht, sondern immer neu Mauern niederreißen, die uns von den Mitmenschen trennen.

Die Gmeinschaft mit Dir gibt uns Hoffnung und macht uns fähig, daß wir den andern annehmen, nicht mehr fürchten, nicht mehr haßen.

Hilf uns, miteinander Zeugnis geben, miteinander christlich leben und die Last des andern tragen. Amen.

Jugendgruppe Tafers

Die Gabe des Friedens

Der Friede ist eine Gabe, die der Herr uns gewährt, wenn wir uns der Kraft seines Wortes öffnen.

Wie nehmen wir die Gabe des Friedens auf? Was tue ich für den Frieden, war tun wir als Gruppe, als Gemeinschaft, als Volk, um in unseren Alltagsbeziehungen ein Klima der Versöhnung zu schaffen, wir, die wir um den Frieden beten ...? Treibt uns der Gedanke um, daß das geschehe, möglichst heute noch?

Herr, zu welchem Akt, zu welchem Wort und zu welchem Werk des Friedens berufst du mich in meinem kleinen Lebenskreis?

«Der Herr gebe Kraft seinem Volk. Der Herr segne sein Volk mit Frieden!» (Ps 29, 11).

Carlo M. Martini

Öffne dich, Himmel
und regne herab
Frieden und Gerechtigkeit
Freude und Kraft
Freundschaft und Liebe

Öffne dich, Himmel
und verschlinge
den Tod und die Tränen
die Not und das Leiden

Anton Rotzetter

Verpflichtender Friede

Frieden mit sich selber und in der Welt kann nur haben, wer seinen Frieden findet bei Gott. Nur der Weg zum inneren Frieden kann auch zum Weg werden, auf welchem äußere Taten des Friedens möglich werden. Wer aber seinen Frieden bei Gott findet, der muß ihn nun auch austeilen und weitergeben, ganz gewiß zunächst an sein eigenes Herz, dann aber auch an seine Mitmenschen und an seine Mitwelt. Der Weg zum inneren Frieden wird dann auch zum Weg, auf welchem äußere Taten des Friedens wirklich werden.

Erst da, wo das Selbstverhältnis des Menschen, sein Weltverhältnis und sein Gottesverhältnis sich gegenseitig friedlich fordern und fördern, erst da herrscht wirklich Frieden. Denn da «küssen sich Frieden und Gerechtigkeit» (Ps 85, 11). Erst da, wo es zu dieser intimen Verbindung des Friedens mit der Gerechtigkeit kommt, tritt jenes Ereignis ein, das wir in Tat und Wahrheit «Frieden» nennen können. Für den christlichen Glauben heißt deshalb die wahre «Zwillingsschwester» des Friedens nie nur Freiheit und Sicherheit, sondern vor allem Gerechtigkeit.

Kurt Koch

Frieden möchtest Du als Vater unter all Deinen Kindern.
Was immer wir einander auch angetan haben, Du verlangst im Vaterhaus Deinen Frieden.

Frieden unter uns verschiedensten Menschen ist wohl das schönste Loblied auf Deinen heiligen Namen.

Ich will aufbrechen und Deinetwegen verzeihen.

Frieden verspricht uns Dein Reich und fordert darum Dein Reich von uns, bis wir die Sonne Deines Reiches einst voll genießen können.

Richard Thalmann

Arbeit an der Beendigung der Gewalt

Weihnachten bietet uns die Vision des Propheten Jesaja an: Daß Unterdrückung und Krieg aufhören können. Betlehem fügt noch ein Wort hinzu: Der Prinz, der dies alles vollbringt, besteigt keinen Thron und fasziniert keine jubelnden Massen, sondern wirbt Jünger, die wie er anders leben, als man es bisher tat.

Wir gehören zu der Kirche, die sich auf ihn zurückführt. Wir bekennen uns also zu ihm. Die Frage ist, ob wir ihm nachfolgen. Ob wir miteinander anders leben und in diesem Sinn dann erst real zu seinem Volk, seiner Gemeinde gehören.

Geht das denn?

Es geht, weil die Arbeit an der Beendigung der Gewalt gar nicht unsere Tat ist, sondern insgeheim nur das, was Jesaja sagt: «Der Eifer des Herrn der Heere wird das vollbringen.» ... Denen, auf die Gottes Wohlgefallen sich ausrichtet, wird der Frieden ohne ihr Dazutun geschenkt. Die Freude wird ihnen zugesprochen.

Norbert Lohfink

O Herr, mach mich zu einem Werkzeug deines Friedens:
daß ich Liebe übe, wo man einander haßt,
daß ich verzeihe, wo man einander beleidigt,
daß ich verbinde, wo Streit ist,
daß ich die Wahrheit sage, wo der Irrtum herrscht,
daß ich den Glauben bringe, wo der Zweifel drückt,
daß ich die Hoffnung wecke, wo Verzweiflung quält,
daß ich dein Licht anzünde, wo die Finsternis regiert,
daß ich Freude mache, wo der Kummer wohnt.

Franz von Assisi

Friedensarbeit

Wird die Einsicht, daß die Herrlichkeit Jesu sich am Kreuz zeigt, in das Herz des Menschen aufgenommen, so führt sie zu einer Praxis großmütiger tätiger Gewaltlosigkeit, die den Sieg des Kreuzes in die Welt hineinträgt. Die evangeliumsgemäße christliche Gewaltlosigkeit überträgt die Herrlichkeit des Kreuzes in die bange Spannung unserer Gesellschaft ...

Jeder Verzicht auf Aggressivität, Rachsucht, erbitterten Argwohn, eiteln Starrsinn ist Entseuchung von Angriffslust, ist Sieg des Kreuzes Christi, ist ernste, fortschreitende Heranbildung der Menschheit zur Herrlichkeit des Friedens.

Herr, du rufst uns dazu auf, durch die Entseuchung und Entgiftung, die durch Taten des Friedens, der Gewaltlosigkeit im Alltagsleben bewirkt werden, eine Gesellschaft umzuerziehen, die unter Spannungen, Aggressivität und Kriegen leidet ...

Laß mich erfassen, wieviel an Angriffslust und Widerstand gegen die anderen, an Mißtrauen und Angst in mir steckt. Befreie mich, Herr, helle in mir all das auf, was mich anderen entgegensetzt. Laß mich auf dem Pfad deines Friedens schreiten.

Carlo M. Martini

Den Frieden tun

Es genügt nicht, daß wir einander Frieden wünschen, es genügt nicht, daß wir aufgrund von Sitte und Recht im Nicht-Krieg miteinander leben, «koexistieren», wie das Fachwort lautet. Es genügt nicht, daß wir einander leben lassen. Frieden im vollen Sinn des Heiles und der Gnade wird nur, wenn wir selbst dem Nächsten, unser Volk, dem anderen seinen Zugang zur Fülle des Lebens erschließen, soweit es in unserem Vermögen steht . . .

Solange wir stillschweigend zu den Nutznießern eines Lebensstandards gehören, den wir nur der Ungerechtigkeit der Weltwirtschaftsordnung verdanken, tragen wir persönlich und als Volk Verantwortung für den Unfrieden und für die Konflikte in der Welt. Wir können wohl schlecht die «Güte und Menschenfreundlichkeit Gottes» verkünden und zum Frieden mahnen, solange dieser Friede nur der Erhaltung unserer Reichtümer dient . . .

Bleiben wir also in unserem Denken und Handeln nicht bei der wohltemperierten Lauheit der Koexistenz stehen, sondern laßt uns den Frieden tun.

Urs Baumann

Herr, hilf mir,
daß ich vom Frieden nicht nur rede.
Hilf mir, daß ich Frieden stifte, wo er fehlt,
und ihn erhalte, wo er in Gefahr ist . . .
Laß mich Zeuge sein für dein Wort:
«Selig die Friedensstifter,
denn sie werden Kinder Gottes heißen.»

Beten durch die Schallmauer

Versöhnung der Christen

Du suchst, die Kirche zu lieben, und stößt dich so oft an den inneren Spaltungen, die letztlich den Leib Christi, seine Kirche auseinanderreißen. Die nach Versöhnung suchen, erkennt man daran, daß sie in der Nachfolge Christi mehr erfüllen als niederreißen, mehr verstehen als belehren möchten. Sie halten an ihrem Platz im Innern fest, bis sich in der Kirche selbst das Zerbrechliche verklärt.

Angesichts der lähmenden Spannungen und Rivalitäten gibt es nichts Dringenderes, als aufzubrechen, um sich zu besuchen, einander zuzuhören und zusammen das Ostergeheimnis zu feiern . . .

Das ist es, was uns an der Versöhnung der Christen so sehr fesselt: Christus will aus der einzigartigen Gemeinschaft, die seine Kirche ist, ein Ferment der Versöhnung für die ganze Menschheitsfamilie machen, und dies wird nicht ohne konstruktive Auswirkungen auf den Weltfrieden bleiben.

Frère Roger, Taizé

Herr, du sammelst dein Volk aus aller Welt Enden. Du willst, daß sie alle eins seien, die du erwählt hast zur Gemeinde deines Sohnes. Erwecke in unseren Herzen ein brennendes Verlangen nach der Gemeinschaft des Glaubens, der Hoffnung und der Liebe. Laß deine ganze Christenheit vereint werden. Zerbrich die Mauern, die uns trennen, und wehre allen, die Unfrieden stiften.

Herr, wir bitten dich: Es komme der Tag, da *eine* Herde und *ein* Hirt ist. Herr, es komme dein Reich. Amen

Aus der Jakobusliturgie

Quellennachweis

S. 11: Josef Griesbeck, Den Weg des Herrn bereiten. Ein Adventskalender für Erwachsene. Christopherus Verlag, Freiburg i. Br. 1985.
S. 13: Dietrich Wiederkehr.
S. 13/14: Karl Rahner, Gebete der Einkehr. Otto Müller Verlag, Salzburg[3] 1966.
S. 14/15: Kurt Koch, Aufstand der Hoffnung. Christopherus Verlag, Freiburg i. Br. 1986.
S. 15: Paul Weismantel.
S. 16/17: Paul Weismantel.
S. 17/18: Werner Baier, in: Pfarrblatt Aarau.
S. 18: Peter Spangenberg, Leck.
S. 19: P. Karl Rahner SJ: Aus Kleines Kirchenjahr. Rechte bei der Oberdeutschen Provinz SJ, München.
S. 19: Karl Rahner, Du bist da. Aus: Gebete der Einkehr, a.a.O.
S. 22: Aus: Josef Bommer, Gottes Stimme im Kirchenjahr. Rex Verlag, Luzern/Stuttgart.
S. 22/23: Hugo Rahner.
S. 23/24: Kurt Koch, Sympathie Gottes. Imba Verlag im Kanisius Verlag, Fribourg.
S. 24/25: Bruno Stephan Scherer, DU bist nahe. Kanisius Verlag, Fribourg.
S. 25: Gott wird Mensch aus: Werner Schaube, Weihnachtspuzzle. Verlag Herder, Freiburg i. Br.[3] 1983.
S. 26: F. Cromphout.
S. 26/27: Kurt Koch, Aufstand der Hoffnung, a.a.O.
S. 28/29: Aus: Josef Bommer, Gottes Stimme im Kirchenjahr, a.a.O.
S. 30: Franz Egli.
S. 31/32: Romano Guardini, Von heiligen Zeichen. Matthias Grünewald Verlag, Mainz 1988. Autorrechte bei Kath. Akademie in Bayern.
S. 32: Paul Weismantel.
S. 34: Jean Marie Lustiger, Freude der Weihnacht. Verlag Herder, Freiburg i. Br. 1985.
S. 35: P. Leopold Bertsche O. Cist.
S. 36: Paul Claudel, Gesammelte Werke. Bd. VI, Religion. Benziger Verlag, Zürich 1962, 16f.

S. 37: Peter Eicher.
S. 37: Katharina von Siena.
S. 38: Aus: Josef Bommer, Gottes Stimme im Kirchenjahr, a.a.O.
S. 39: Ernst Termeer.
S. 40: Claudia Baumberger.
S. 40: Herbert F. Brokering.
S. 41: Alban Wirthner, in: Pfarrblatt Biel.
S. 42/43: Paul Weismantel.
S. 46: Philipp Schäfer, Hoffnung in Geduld. In: Anzeiger für die Seelsorge (12) 1987, 463–464.
S. 46/47: Helder Camara.
S. 47/48: Kurt Koch, Aufstand der Hoffnung, a.a.O.
S. 48: Eva Maria Kremer.
S. 48/49: Anton Rotzetter. In: Christ in der Gegenwart, Nr. 51/1989, 418.
S. 49/50: Bruno Stephan Scherer, DU bist da. Kanisius Verlag, Fribourg.
S. 51: Bruno Stephan Scherer, a.a.O.
S. 51/52: Ernst Wiedemann, Es ist immer Advent. Zwei Meditationen. Kyrios Verlag, Freising, 1985.
S. 52/53: Chantal Hug.
S. 53/54: Kurt Koch, Aufstand der Hoffnung, a.a.O.
S. 54: Du sagts uns, ... aus: Silja Walter, Kommunion-Psalter. Verlag Herder, Freiburg i. Br. 1985.
S. 56: Jean Marie Lustiger, Freude der Weihnacht, a.a.O.
S. 56/57: Hans Orths.
S. 57/58: Edith Stein, Am Kreuz vermählt. Meditationen. Benziger Verlag, Zürich 1984, 105ff.
S. 58: Anton Rotzetter, Gott, der mich atmen läßt. Gebete. Verlag Herder, Freiburg[6] 1989.
S. 59: Anton Rotzetter. In: Christ in der Gegenwart, Nr. 51/1989, 417f.
S. 60: Carlo M. Martini, aus: Unterwegs zur Stadt Gottes. Otto Müller Verlag, Salzburg 1986.
S. 60/61: Romano Guardini, Die Menschwerdung. Matthias Grünewald Verlag, Mainz 1988. Autorrechte bei Kath. Akademie in Bayern.
S. 61: Paul Claudel/André Gide, Briefwechsel 1899–1926. Stuttgart 1952.

S. 62: Kurt Koch, Sympathie Gottes, a.a.O.
S. 62/63: Aus: Jaques Loew, Das Abenteuer des Glaubens. Rex Verlag, Luzern/Stuttgart.
S. 63/64: Thomas Brändle.
S. 65: Richard Gutzwiler.
S. 70: Aus: Josef Bommer, Gottes Stimme im Kirchenjahr, a.a.O.
S. 70: Chiara Lubich.
S. 71: Beat Lustig.
S. 72/73: Peter Heimann, Mut zu Gott. Meditationen im Kirchenjahr. Katzmann Verlag KG., Tübingen 1972.
S. 73: Bruno Stephan Scherer, DU bist da, a.a.O.
S. 74: Klaus Hollmann, Glaube will Hoffnung. Bonifatius GmbH Druck-Buch-Verlag, Paderborn.
S. 76: Kurt Koch, Sympathie Gottes, a.a.O.
S. 77: Pierre Griolet, Zu jeder Zeit. Gebete. Patmos Verlag, Düsseldorf.
S. 78: Romano Guardini, Die Menschwerdung, a.a.O.
S. 79: Romano Guardini, aus: Theologische Gebete «Die Erkenntnis Christi». Verlag Josef Knecht, Frankfurt a. M.[8] 1985.
S. 80: Theo Schmidkonz, Maria – Gestalt des Glaubens. Wortgottesdienste. Rex Verlag, Luzern/Stuttgart[15] 1985.
S. 80: Richard Thalmann.
S. 81: Josef Ratzinger/Heinrich Schlier, Lob der Weihnacht. Verlag Herder, Freiburg i. Br. 1982.
S. 82: Rudolf Alexander Schröder, aus:
Gesammelte Werke, Die Gedichte. (c) Suhrkamp Verlag, Frankfurt a.M. 1952.
S. 82/83: P. Karl Rahner SJ, aus: Kleines Kirchenjahr. Rechte bei der Oberdeutschen Provinz SJ, München.
S. 83: Aus: Martin Gutl, Loblied vor der Klagemauer. Texte. Verlag Styria Graz Wien Köln[4] 1990.
S. 84: Kurt Koch, Aufstand der Hoffnung, a.a.O.
S. 85/86: Anton Moser.
S. 86: Ilse Rya Fluck.
S. 87: Kurt Studhalter.
S. 87: Auf Dich warten, ... aus: Sabine Nägeli, Die Nacht ist voller Sterne. Verlag Herder, Freiburg i. Br.[5] 1990.

S. 88: Romano Guardini, Universitätspredigten. Matthias Grünewald Verlag, Mainz 1988. Autorrechte bei Kath. Akademie in Bayern.
S. 89: Jörg Zink, Wie wir beten können. Kreuz Verlag, Stuttgart 1970, 73.
S. 92: Carlo M. Martini, Das Gebet der Versöhnung. Betrachtungen zum Pslam «Miserere». Verlag Herder, Freiburg i. Br. 1986.
S. 93: Carlo M. Martini, Das Gebet der Versöhnung, a.a.O.
S. 94: Klemens Tilmann, Die Führung zur Meditation. Bd. 2. Benziger Verlag, Zürich 1978, 279f.
S. 95: Pierre Griolet, Zu jeder Zeit, a.a.O.
S. 96: Kurt Koch.
S. 97: Jörg Zink, Wie wir beten können, a.a.O., 25.
S. 98: Waltraud Herbstrith.
S. 99: Klemens Tilmann.
S. 100: Der Befreier-Gott aus: Johannes Bours, Der Gott, der mein Hirte war mein Leben lang. (Mit Bibelworten beten). Verlag Herder, Freiburg i. Br.[8] 1989.
S. 101: Romano Guardini, aus: Theologische Gebete «Die Freiheit». Verlag Josef Knecht, Frankfurt a. M.[8] 1985.
S. 102: Hermann-Josef Venetz, Provokationen der Freiheit. Bergpredigt heute. Fribourg 1982, 38–39.
S. 103: Bruno Stephan Scherer, DU bist da, a.a.O.
S. 104: Joachim Kardinal Meisner, Über das Geheimnis der Kirche. Eine Meditation. Herausgegeben vom Presseamt des Erzbistum Köln vom 21. 11. 1989.
S. 105: Pierre Griolet, Zu jeder Zeit, a.a.O.
S. 108: Carlo M. Martini, Du, den ich suche. Wege von David zu Jesus. Verlag Herder, Freiburg i. Br. 1990.
S. 110: Rudolf Vogel.
S. 111: Edith Stein, Am Kreuz vermählt, a.a.O., 71.
S. 111/112: Klaus Hemmerle, Das Wort für uns. Meditationen. Verlag Herder, Freiburg i. Br. 1982.
S. 112: Johannes Ruysbroeck.
S. 112/113: Jaques Loew.
S. 113: Romano Guardini, Briefe über Selbstbildung, Matthias Grünewald Verlag, Mainz[14] 1985. Autorrechte bei Kath. Akademie in Bayern.

S. 114: Gib, was Gott dir gibt. Aus den Briefen von Frère Roger. Christopherus Verlag, Freiburg i. Br. 1987. (c) Les Presses de Taizé.
S. 115: Günter Duffrer.
S. 116: Carlo Caretto, Gott ist unterwegs zu uns. Ich habe es erfahren. Verlag Neue Stadt, München.
S. 117: Aus: Jean Galot, Gottes Nähe. Johannes-Verlag, Leutesdorf[9] 1983.
S. 118: Aus: Josef Dirnbeck/Martin Gutl, Ich wollte schon immer mit dir reden. Meditationstexte. Verlag Styria, Graz Wien Köln[4] 1986.
S. 119: Romano Guardini, Gebet und Wahrheit. Matthias Grünewald Verlag, Mainz 1988. Romano Guardini, Der Herr. Betrachtungen über die Person und das Leben Jesu Christi. Verlag Ferdinand Schöningh, Paderborn[15] 1985.
S. 120: Aus: Ernesto Cardenal, Das Buch von der Liebe. Peter Hammer Verlag, Wuppertal 1985.
S. 121: August Berz.
S. 121/122: Romano Guardini, Die Annahme seiner selbst. Den Menschen erkennt nur, wer von Gott weiß. Matthias Grünewald Verlag, Mainz[2] 1990.
S. 122: Anton Rotzetter, Gott, der mich atmen läßt, a.a.O.
S. 123: Ladislaus Boros.
S. 123: Augustinus.
S. 126: Edith Stein, Am Kreuz vermählt, a.a.O., 115.
S. 127: Edith Stein, a.a.O., 76.
S. 127/128: Thomas Egloff.
S. 128: Ignatius von Loyola.
S. 129: Kurt Koch, Aufstand der Hoffnung, a.a.O.
S. 130: Karl Leisner.
S. 131: Carlo M. Martini, Seht die Frau. Lebenswege mit Maria. Verlag Herder, Freiburg i. Br.[2] 1987.
S. 132: Bruder Klaus von der Flüh.
S. 133: Klemens Tilmann, Die Führung zur Meditation, a.a.O. 220.
S. 134: Klemens Tilmann, Die Führung zur Meditation, a.a.O. 141.
S. 134/135: Werner Tzscheetzsch.
S. 135: Dag Hammarskjöld, Zeichen am Weg. (c) Droemer Knaur Verlag, München.

S. 136: Josef Imbach, in: Pfarrblatt Bern.
S. 137: Ignatius von Loyola zugeschrieben.
S. 138: Carlo M. Martini, Du, den ich suche, a.a.O.
S. 140: Romano Guardini, Briefe über Selbstbildung, a.a.O.
S. 141: Romano Guardini, Gebet und Wahrheit, a.a.O.
S. 145: Gib, was Gott dir gibt. Aus den Briefen von Frère Roger, a.a.O.
S. 146: Carlo M. Martini, Was er euch sagt. Leben aus der Freude des Evangeliums. Verlag Herder, Freiburg i. Br. 1989.
S. 147: Aus: Stephan Röder/Rüdiger Schaarschmidt, Beten geht unter die Haut. Anregungen und Texte für junge Leute. Benziger Verlag, Zürich[3] 1990.
S. 148: Gib was Gott dir gibt. Aus den Briefen von Frère Roger, a.a.O.
S. 148/149: Romano Guardini, aus: Theologische Gebete «Einsicht und Bereitschaft zum Gebet». Verlag Josef Knecht, Frankfurt a. M.[8] 1985.
S. 149/150: Beten als Hinhören aus: Henri J. M. Nouwen, Jesus – Sinn meines Lebens. Verlag Herder, Freiburg i. Br.[2] 1989.
S. 150: Aus: «Füße hast du und Flügel». Gedichte von Christa Peikert-Flahspöhler. Lahn-Verlag, Limburg[2] 1986.
S. 151: Fabian Pabst.
S. 151: August Berz.
S. 152: Alfons von Liguori, Vertrauliche Zwiesprache mit Gott. Herausgegeben von Bernhard Häring. Verlag Neue Stadt, München 1989, 15.
S. 153: Francois Fénelon.
S. 153/154: Ladislaus Boros, Gott für die Menschen. Kyrios-Verlag, Freising[3] 1972.
S. 155: Johannes Klimakus, in: Kleine Philokalie. Meditationen. Benziger Verlag, Zürich[3] 1989, 91.
S. 155: Carlo M. Martini, Ich bin bei euch. Leben im Glauben nach dem Matthäusevangelium. Verlag Herder, Freiburg i. Br. 1985.
S. 156: August Berz, Christliche Grundgebete. Imba Verlag im Kanisius Verlag, Fribourg.
S. 157/158: Klemens Tilmann, Die Führung zur Meditation, a.a.O., 106f.
S. 158: August Berz.

S. 159: August Berz, Christliche Grundgebete, a.a.O.
S. 160: Adolf Exeler, Jungen Menschen leben helfen. Die alten und die neuen Werte. Verlag Herder, Freiburg i. Br. 1984.
S. 162: Romano Guardini, Johanneische Botschaft. Matthias Grünewald Verlag, Mainz 1988. Autorrechte bei Kath. Akademie in Bayern.
S. 162: Bruno Stephan Scherer, DU bist da, a.a.O.
S. 163: Kurt Koch.
S. 164: Aus: Zwischen Angst und Hoffnung. Texte und Gebete für junge Menschen. Paulusverlag, Fribourg 1985.
S. 165: Carlo M. Martini, Mein Herz vertraut ihm. Geistliche Psalmenauslegung. Verlag Herder, Freiburg i. Br.[2] 1987.
S. 165: Anton Rotzetter, Gott, der mich atmen läßt, a.a.O.
S. 166: Kurt Koch, Aufstand der Hoffnung, a.a.O.
S. 167: Richard Thalmann.
S. 168: Arbeit an der Beendigung der Gewalt aus: Norbert Lohfink, Unsere großen Feste. Verlag Herder, Freiburg i. Br. 1983.
S. 169: Franz von Assisi.
S. 170: Carlo M. Martini, Was er euch sagt, a.a.O.
S. 171: Urs Baumann, Schalom. In: Pfarrblatt Luzern 2/1977.
S. 172: Aus: Manfred Langner/Christine Reekel, Horizonte. Gebete und Texte für heute. Bernward Verlag, Hildesheim 1981, 1952.
S. 173: Gib, was Gott dir gibt. Aus den Briefen von Frère Roger, a.a.O.

Über den Autor

August Berz, geboren 19918 in Wettingen/Schweiz. Seit 1943 Priester des Bistums Basel. Durch seine Mitarbeit an den Zeitschriften „Concilium" und „Internationale katholische Zeitschrift" und vor allem als Herausgeber zahlreicher Gebetstext-Sammlungen ist er bekannt geworden.

Vom selben Autor ist aus der Reihe 'Anthologien' bereits in Großdruck erschienen:

Mit Gott durch das Leben
Gebetstexte und Meditationen zur Fasten- und Osterzeit

210 Seiten, gebunden, ISBN 3-87585-767-4

Verschiedene Persönlichkeiten – vorwiegend aus dem 20. Jahrhundert – bringen in diesem Band ihre geistlichen Erfahrungen zum Ausdruck. Thematisch orientiert sich diese Sammlung an den Gedenktagen und Festzeiten des Kirchenjahres, das mit der Fasten- und Osterzeit seinen Höhepunkt erreicht.
Diese Texte sollen Sie dazu anregen, sich in die Glaubensgeheimsisse der österlichen Zeit einführen zu lassen.

Das Buch richtet sich an Christen aller Konfessionen und eignet sich auch für das gemeinsame Chorgebet in Ordensgemeinschaften.

Weitere Titel aus der Reihe

RICHARZ GESCHENKBIBLIOTHEK

Erzählungen und Romane

Die Kirche im Dorf
Heinrich Böll
140 Seiten ISBN 3-87585-707-0

Die Gelbe Straße
Veza Canetti
230 Seiten ISBN 3-87585-771-2

Dora Linds Geheimnis
Hedwig Courths-Mahler
380 Seiten ISBN 3-87585-774-7

Halte das Herz fest (Die Hochzeit)
Anne Morrow Lindbergh
280 Seiten ISBN 3-87585-769-0

Novellen
Theodor Storm
224 Seiten ISBN 3-87585-718-6

Träumereien an französischen Kaminen
Richard von Volkmann-Leander
150 Seiten ISBN 3-87585-720-8

Sternstunden der Menschheit
Stefan Zweig
290 Seiten ISBN 3-87585-742-9

Weitere Titel aus der Reihe

RICHARZ GESCHENKBIBLIOTHEK

Heitere Romane

Noch'n Buch
Heinz Erhardt
110 Seiten ISBN 3-87585-766-6

Altes Herz geht auf die Reise
Hans Fallada
320 Seiten ISBN 3-87585-8728-3

Freund mit Rolls-Royce
Paul Gallico
190 Seiten ISBN 3-87585-773-9

Der unheimliche Mann Gottes
Hans Hellmut Kirst
208 Seiten ISBN 3-87585-733-X

Familienalbum
Hans Nicklisch
230 Seiten ISBN 3-87585-753-4

Auf einmal sind sie keine Kinder mehr
Barbara Noack
130 Seiten ISBN 3-87585-760-7

Geschichten und Verse
Eugen Roth
160 Seiten ISBN 3-87585-726-7